장로회신학대학교 개교 120주년 기념 목회자세미나

포스트 코로나 시대의 목회

장로회신학대학교 개교 120주년 기념 목회자세미나

포스트 코로나 시대의 목회

초판 1쇄 인쇄 | 2021년 10월 11일
초판 1쇄 발행 | 2021년 10월 20일

책임편집 이상억
펴낸이 김운용
펴낸곳 장로회신학대학교 출판부

등록 제1979-2호
주소 04965 서울시 광진구 광장로5길 25-1 (광장동)
전화 02-450-0795
팩스 02-450-0797
이메일 ptpress@puts.ac.kr
홈페이지 http://www.puts.ac.kr

값 12,000원
ISBN 978-89-7369-476-1 03230

장로회신학대학교 개교 120주년 기념 목회자세미나

포스트 코로나 시대의
목회

장신목회연구원

책임편집 **이상억**

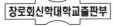

축하의 글

어둠 속에서도 멀리 반짝이는 복음의 불빛을 바라보며

평양 땅에서 시작되어 오늘 광나루 언덕에 자리 잡은 장로회신학대학교는 올해로 개교 120주년을 맞았습니다. 나라가 기울어가는 민족의 어두운 밤에 시작된 학교는 역사의 굴곡을 지나쳐오면서 민족을 가슴에 품고 복음으로 섬겨왔습니다. 돌이켜 보면 에벤에셀 하나님의 크신 은혜로 여기까지 달려올 수 있었음을 새롭게 고백하게 됩니다. 또한 주님의 부르심에 순종했던 많은 분의 헌신과 섬김을 통해서 맡겨주신 신학교육의 사명을 지금껏 감당해 올 수 있었습니다.

지난 시간 동안에 우리와 함께하신 하나님의 현존과 역사하심을 증언하고 감사하기 위해 개교기념 행사를 기도로 준비해 왔지만, 코로나 팬데믹으로 인한 여러 행사를 축소할 수밖에 없었습니다. 하지만 감사예배를 올려드리는 것과 코로나 상황에서 주님의 교회를 세우기 위해 애쓰시는 사역자들을 섬기는 일이 정말 중요하였기에 두 번의 목회자세미나를 계획대로 진행하기로 하였습니다.

코로나는 사역의 현장에도 참 많은 것을 바꾸어 놓았습니다. '뉴 노멀'이라는 용어로 대변되는 포스트 코로나 시대는 사역의 현장에 더 많은 변화와 도전을 예고합니다. 어떻게 교회와 사역을 세울 것인 지, 무너진 예배 제단을 어떻게 세워갈 것인지 깊은 숙고가 필요한 때입니다. 그렇게 애쓰는 사역자들을 돕고 격려하기 위해 진행한 세 미나에서 발표한 강의를 모아 책으로 출간되게 되어서 참으로 기쁩 니다.

이 일을 위해서 수고하신 많은 분께 깊은 감사를 드립니다. 특별 히 120주년 준비위원장 홍인종 교수님, 학술분과위원장 이규민 교수 님, 장신목회연구원장 이상억 교수님, 그리고 여러 스태프들의 수고 와 헌신에 깊은 감사를 드립니다. 또한 귀한 강의와 패널로 수고해 주신 분들께 깊은 감사를 드리고, 이 귀한 사역을 위해 후원해 주신 소망교회, 충신교회, 연동교회에 깊은 감사를 드립니다.

코로나 상황 가운데서, 또 포스트 코로나 시대를 위해 성도들과 사역을 어떻게 세워갈지에 대한 연구와 몸부림은 계속되어야 합니 다. 우리 시대의 스승이었던 문병란 시인이 전해준 희망노래로 다시 금 가슴을 채웁니다.

꿈꾸는 자여, 어둠 속에서
멀리 반짝이는 별빛을 따라
긴 고행길 멈추지 말라.

인생 항로 파도는 높고
폭풍우 몰아쳐 배는 흔들려도
한고비 지나면
구름 뒤 태양은 다시 뜨고
고요한 뱃길 순항의 내일이 꼭 찾아온다.

그렇습니다. '어둠 속에서도 멀리 반짝이는' 복음의 불빛을 바라
보며 다시 일어설 때입니다.

장로회신학대학교 제22대 총장
김운용

격려의 글

개교 120주년 기념 『포스트 코로나 시대의 목회』 출판을 격려하며

타임즈 기자이자 퓰리처 수상자인 프리드먼(Thomas Friedman)은 이렇게 역설합니다. "코로나 팬데믹은 역사의 새로운 기원을 이루었다." 인류의 메시야로 오신 '그리스도'를 중심으로 인류역사가 나뉜다면(Before & After Christ), 왕관(Corona) 모양을 한 '코로나 바이러스'를 중심으로 21세기 역사가 나뉜다는 것입니다(Before & After Corona). "뭉치면 살고 흩어지면 죽는 것이 아니라, 뭉치면 죽고 흩어지면 산다"는 역설과 반어가 통용되는 시대를 우리는 살아가고 있는 것입니다.

시대의 등불로서의 사명을 감당해온 우리 모교가 개교 120주년을 맞아 "포스트 코로나 시대의 목회"라는 주제로 이 시대 목회자를 섬기는 목회자세미나를 개최하였습니다. 코로나가 장기화되고 일상화되면, "위드 코로나 시대의 목회"가 더 타당한 제목이 아닌가 하고 반문할 수 있습니다. 하지만 이성의 관점에서 볼 때 인생은 죽음으로 끝나지만, 신앙의 관점에서 볼 때 인생의 마지막이 '죽음'이 아닌 '생명'임을 성경은 증언합니다. 과학의 관점에서 인간은 코로나와 함께 죽음을 향해 나아가지만, 신학의 관점에서 볼 때 인류는 "만물을 새롭게 하시는 그리스도"(계 21:5)와 함께 구속의 완성을 향해 나아가는 것입니다.

　코로나 시대는 우리 신학과 목회가 외눈이 아닌 양 눈, 자국어와 외국어, 정체성과 개방성, 원형 목회뿐 아니라 타원형 목회를 지향할 것을 요청합니다. 양극과 양대축은 다양한 길항 작용 속에서 극단주의와 절대주의의 파괴를 넘어 생명적 건설을 향해 나아갑니다. 결국 진리와 생명은 하나님과 인간을 이어주신 그리스도 예수 안에 놓여 있기 때문입니다. 그리스도 안에 들어있는 진리와 생명은 프리 코로나-코로나-포스트 코로나 시대를 관통하는 근원적 방안을 제시합니다. 이러한 근원성은 또한 시대성, 역사성, 정황성과 조우(遭遇)할 것을 이 시대는 요청하고 있는 것입니다.

　근원성의 토대 위에 역사성과 정황성의 지혜와 통찰을 깊이 있게 제시해주신 김운용 총장님, 김영동, 박상진, 홍인종 교수님께 감사드립니다. 또한 깊은 목회적 경륜과 실천적 지혜의 전망과 함께 실천적 프로네시스(Phronesis)로 구체화시켜 주신 김경진, 김주용, 이전호 목사님 그리고 지용근 대표님께 감사드립니다. 모쪼록 이러한 테오리아(theoria)와 프락시스(praxis)의 만남이 '하나님 나라'를 더 깊게 그리고 더 넓게 경작하는 '구속적 모판'(redemptive matrix)이 될 수 있기를 손 모으며 격려의 글을 갈음하고자 합니다. Soli Deo Gloria!

장로회신학대학교 대학원장, 개교120주년 학술분과장

이규민 교수

편집인의 글

　사랑합니다. 이 책을 읽으시는 여러분 모두에게 우리 하나님의 다함없는 은총이 가득하시기를 기도합니다.

　쉽게 극복할 줄 알았던 코로나19 감염증 사태는 긴 시간 우리 마음을 짓누르고 있습니다. 많은 사람들이 아파하고 힘들어합니다. 남녀노소 지위고하를 막론하고 우리 모두를 당황스럽게 하고 낙심하게 합니다. 어느덧 마스크가 피부처럼 되어버린 우리네 일상, "위드 코로나", "포스트 코로나", "뉴 노멀" 등 여러 가지 말들로 새로운 현재를 모색하고 적응하려 하지만, 아무래도 우리네 삶이 무겁다는 생각을 지울 수 없습니다.

　하지만 우리의 소망은 여전하다 싶습니다. 언젠가 우리 모두가 이르게 될 그 찬란한 하나님의 나라를 바라보며, 이 땅을 그럼에도 사랑하며 살게 하는 소망이 여전하니, 무거운 절망으로 주저앉아 있을 수 없다는 생각을 합니다. 그 소망은 바로 우리 주 예수 그리스도입니다(사61:1-3; 눅4:16-19). 장로회신학대학교는 개교 120주년을 맞아 목회자세미나를 개최했습니다. 예수 그리스도, 우리의 소망이신 그분 안에서 어떻게 이 어려움을 바라보며, 목회해야 할 것인지를 생각했습니다. 예배와 설교의 영역에서, 목회 돌봄과 다음세대 돌봄의 영역에서, 또 전도와 선교의 영역에서 한국교회의 영적 각성과 부흥을 위해 애쓰시는 목회자들을 돕기 위해 자리를 마련했던 것입니다. 특히 목회현장에서 애쓰시는 목사님들을 초청하여 세미나에 대한 응답으로 패널 대담도 진행했습니다.

　세미나의 내용이 워낙 가치 있어 장신목회연구원의 논의로 책을 출판하게 되었습니다. 각 세미나 및 패널 강사님들의 색깔과 개성을 살리기 위해 문체를 가급적 강사님들께서 강의하신 원고 그대로 옮기려고 노력했습니다. 더불어 강사님들께 강의 원고를 쉽게 써달라고 부탁드렸기에 인용에 대한 출처를 밝히려 노력하셨음에도 부족한 부분이 있을 수 있음을 밝힙니다. 특히 패널 대담에서 오간 대화들은 가급적 현장감을 살려서 전해드리고자 노력하였습니다.

　120주년 기념 목회자세미나를 위해 도와주신 네 분의 우리 학교 대표 강사님들과 패널 진행자이신 이규민 대학원장님, 그리고 목회 현장 전문가이신 네 분의 패널들께 깊이 감사를 드립니다. 무엇보다 이 세미나를 위해 사랑과 기도, 물질로 후원해 주신 소망교회, 충신교회, 그리고 연동교회에도 감사를 드립니다. 특히 소망교회와 김경진 목사님의 도움이 없이는 이 책이 나올 수 없었을 것입니다. 또한 목회자세미나를 위해 충심으로 섬겨주신 교회와 커뮤니케니션 연구부의 유재원 교수님과 교회음악연구부의 김신웅 교수님께 감사를 드립니다. 세미나 진행을 위해 도와주신 많은 도우미 전도사님들과 목사님들께도 큰 빚을 졌습니다. 특히 이 책이 나오기까지 정성을 다해 편집 일을 도와준 차명 전도사님께 감사를 드립니다.

이 책을 통해 한국교회와 목회자님들께 큰 사랑을 받아온 저희 장로회신학대학교가 아주 조금이지만 그 귀한 사랑에 보답할 수 있는 작은 사랑의 응답이 될 수 있기를 바라고 소망합니다. 사랑합니다.

장로회신학대학교 장신목회연구원장

이상억 교수

장로회신학대학교 개교 120주년 기념 목회자세미나

포스트 코로나 시대의 목회

목차

장로회신학대학교 개교 120주년 기념 목회자세미나

포스트 코로나 시대의 목회

1장

포스트 코로나 시대의
예배와 설교 사역

김운용

장로회신학대학교 총장, 예배설교학

고통의 끝에

문이 있었어요

내 삶의 중심에서

담청색 바닷물에 얹힌 심청색 그림자들

커다란 샘물이 솟았지요

— 루이즈 클릭, "야생붓꽃" 중에서[1]

I. 꽉 잡고 버티자

　도쿠가와 이에야스가 세운 에도 막부가 일본을 통치한 1600년대 초부터 1868년 메이지유신으로 무너질 때까지 약 250여 년의 기간

1　헝가리계 미국인(유대인)인 루이즈 클릭은 2020년 노벨문학상 수상자이며, 이 시는 1993년 퓰리쳐 상 수상작이기도 하다. 그의 문학은 상실과 소외의 시대를 향한 위로를 담고 있으며, 냉혹함과 차가움이 가득한 코로나 팬데믹 상황에서 자연적 치유력을 노래하여 전 세계의 주목을 받았고, 노벨상을 받은 것으로 평가받는다. 스웨덴 한림원은 "개별적 실존을 보편적으로 만드는 분명한 시적 목소리를 냈다"고 선정 이유를 밝혔고, 평론가들은 "간결하고 투명한 언어로 인간 삶의 고통에 관한 이야기를 풀어간 것"이 수상 이유일 것이라고 평가한다.

을 가리켜 에도(江戸) 시대, 혹은 도쿠가와(德川) 시대라고 지칭합니다. 이 시기에 일본은 경제 발전과 함께 문화적 번영을 이루었습니다. 이 시대의 대표적 목판화가, 가쓰시카 호쿠사이는 19세기 후반, 문호 개방과 함께 그의 작품이 서양에 소개되어 널리 명성을 얻은 인물입니다. 그의 대표 작품은 일본에서 가장 높은 후지산의 다양한 모습을 담은 "후지산의 36경"(1831년)인데, 제목과는 달리 36경이 아니라 46점의 광경을 담아낸 작품입니다. "가나가와 앞바다의 파도"라는 작품은 그 가운데 한편입니다.

이 작품의 장면 전체를 지배하는 것은 거대한 파도입니다. 파도 사이로 풍랑에 휩쓸린 배 세척을 볼 수 있습니다. 당시 살아있는 생선을 빠르게 운반하기 위해 만들어진, 아주 속도가 빠른 배입니다. 그림에 나오는 배는 생선을 내려놓고 돌아오는 길인지 빈 모습인데, 8명이 노를 젓고 있고, 배의 앞부분에는 2명의 선원이 타고 있습니다. 이 배의 길이가 12m 정도였다니 높이가 대략 15m가 훨씬 넘는

거대한 파도입니다. 이들이 거센 풍랑에서 빠져나갈 확률은 거의 없어 보입니다. 그러나 대자연은 인간의 절망에 대해서는 무심합니다. 멀리 보이는 눈 덮인 후지산은 그들의 사투에 대해 아랑곳하지 않고 태연하게 서 있습니다.

  이 그림을 보다가 영감을 받아 드뷔시는 그의 교향시, "바다"를 작곡했고, 김응교 시인은 "파도 아가리"라는 시를 썼습니다.

냉혹한 물 튀김
카메라가 없었던 에도 시대
화가의 눈은 튀는 물방울을 주시한다
1만분의 1초를 포착하는 디지털 눈

해발 3,776m의 후지산을 삼킬 듯 덤벼드는 파도
마구 흔들리는 세 척 생선잡이 조각배에
사공들이 아가리 앞에 납작 엎드렸다
버티자 꽉 잡아

괴물이 침을 슬어 놓고
영산(靈山)은 묵묵히 버티고 있는 이 그림을 보고
드뷔시는 교향곡 '바다'를 작곡했다지

침묵 바다에 물결 퍼지고 해일이 몰려온다
운명 앞에는 붉은 잔양(殘陽)은 예견 못 할 미래 마냥
음산하다

치솟는 파도의 꼭지점

교향곡의 절정에서

까마득 뱃멀미 앓으며 소리친다

지구의 모든 존재들아

버티자 꽉 잡아.[2]

　　코로나 팬데믹 현상 이후 한국교회는 지금 수천 년 지켜온 것을 삼켜버린 듯, 잠재워버릴 것 같은 거대한 파도 앞에 서 있습니다. 음산하고 흉흉한 바다에 서 있지만 '꽉 잡고 잘 버티자'는 시인의 외침이 가슴에 깊이 와닿습니다. "치솟는 파도의 꼭짓점"에 서 있는 것 같은 때에 꼭 잡고 잘 버티자고 권면합니다. 그 권면이 고마운 것은 오늘 그 외침에 가슴에 와닿는 것은 그동안 힘차게 세워온 교회와 사역을 모두 삼켜 버릴 듯한 거대한 파도 앞에 서 있기 때문입니다.

　　아니, 오늘 우리에게는 버티는 것 그 이상의 것이 요구됩니다. 우리는 주님의 교회를 세우고, 사람들을 세우고, 사역을 세워야 하는 사명자이고, 말씀으로 이 어두운 시대를 밝혀가야 하는 사역자들이기 때문입니다. 오늘 우리 시대의 사역자들에게는 믿음도 필요하고, 그것을 헤쳐 나갈 역량도 필요로 합니다. 흔히 거대한 폭풍이 몰려오면 뱃사람들은 바다가 아니라 선장의 얼굴을 쳐다본다고 하지요. 선장의 표정이 평안하면 선원들은 안심하지만 불안함으로 가득하면 모두가 동요하게 됩니다. 미국의 작가 윌리엄 아서 워드의 말, "비관주의자는 바람이 부는 것을 불평한다. 낙관주의자는 바람의 방향이 바

2　　김웅교, 『일본적 마음: 김웅교 인문여행 에세이』(서울: 책읽는 고양이, 2018), 9, 29-31.

뀌기를 기대한다. 현실주의자는 바람에 따라 돛의 방향을 조정한다.”
를 인용하면서 고두현 시인은 “거친 파도가 유능한 뱃사람을 만든
다.”라고 주장합니다. 그 어느 때보다 “유능한 뱃사람”이 필요한 때
입니다.

II. 이제 코로나 그 이후

눈에도 보이지 않은 아주 작은 바이러스가 온 지구촌을 흔들면서
모든 것을 멈춰 세운 지 벌써 1년 6개월이 지나가고 있습니다. 2019
년 12월, 처음 그 소식이 들려왔을 때만 해도 한두 나라의 문제 정도
로, 잠시 후면 잡힐 감염병 정도로 생각했습니다. 그러나 불과 3개월
만에 전 세계가 공포에 떨게 했으며, 많은 것을 묶어 버렸고 멈춰 세
웠습니다. 어버이날, 요양병원에 입원해 있는 노부모를 찾아뵙고 손
한번 잡는 것까지도 묶어 버렸고, 수천 년 목숨을 걸고 지켜온 신앙
행위와 예배도 묶어 버렸습니다.

백신 접종으로 인한 기대감이 커지고 있지만 가장 우려가 되는
것은 코로나 이후에도 이전에 누리던 일상으로 돌아가는 것이 어려
울 것이라는 예측입니다. 이른바 “과거의 표준이 더는 통하지 않고
새로운 가치 표준이 세상 변화를 주도하는” ‘뉴노멀 시대, 포스트 코
로나 시대’의 도래입니다. 언택트, 혹은 언컨택트가 일상이 되고, 온
택트(ontact), 디지택트(digitact) 문화가 확산하면서 온라인과 디지털

영역의 활동은 더 활성화될 것으로 예견합니다. 이런 상황의 변화는 목회와 사역의 현장에도 많은 변화가 주어질 것입니다. 코로나 상황은 온라인의 편리함에 젖어 들어 신앙 활동이 위축되고, 디지털 콘텐츠를 취사선택하고 즐기는 종교 소비주의가 등장할 것이며, 디지털 노마드 현상이 불가피할 것입니다. 포스트 코로나 시대에 교회와 사역, 교인들을 어떻게 세워가야 할 것인지가 큰 과제로 다가옵니다.

영화 "박하사탕"은 세상에서 배신을 당하고 타락한 한 남자가 죽음 앞에서 가장 순수하고 아름다웠던 시절을 회상하는 구조로 전개됩니다. 달려오는 기차 앞에서 인생이 망가진 사내가, 아니 누군가에 의해 망가진 자기 인생을 끝내려는 사내가 외치는 절규하는 장면으로 끝을 냅니다. "나 다시 돌아갈래!" 절규하지만 그 순수의 시절로는 다시 돌아갈 수 없었습니다. 분명한 것은 코로나 이전과 이후는 결코 같을 수 없다는 사실입니다. 그동안 당연시 여겨왔던 삶의 양태와 관습을 근본적으로 바꾸는 '티핑 포인트'(tipping point)[3]로 작용할 것임은 분명합니다. 일상으로 여겼던 것이 더는 일상이 될 수 없기에 전례 없던 기준과 관점이 필요해 보입니다. 그동안 주로 물리적 공간에서 목회와 신앙생활이 이어졌는데, 이제는 그 공간은 멀어지고 사이버 공간이 한층 가깝고 유용한 공간으로 바뀌면서 예배와 목회 사역에도 '티핑 포인트'로 작용할 것입니다.

---

3 티핑 포인트는 처음에는 "어떤 현상이 처음에는 아주 미미하게 진행되다가 어느 순간 균형을 깨고 예기치 못한 일들이 폭발적으로 일어나는 그 시점"을 지칭하는 용어로, 본래는 노벨경제학상 수상자인 토머스 셰링(Thomas Schelling)의 논문(1969)에서 '갑자기 뒤집히는 점'이란 뜻으로 사용하였으며, "엄청난 변화가 작은 일들에서 시작될 수 있고 대단히 급속하게 발생할 수 있다"는 의미로 사용되었다. 2000년에 말콤 글래드웰의 책이 나오면서 널리 사용된 용어가 되었다. Malcolm Gladwell, *The Tipping Point*, 임옥희 역, 『티핑포인트: 작은 아이디어를 빅트랜드로 만드는』(서울: 21세기북스, 2004), 참고.

III. 포스트 코로나 시대에서의 설교: 하늘의 신비를 따라 부르심을 따라

이 엄중한 위기 앞에서 교회의 지도자들과 그리스도인들이 이 거 대한 변화와 도전 앞에서 새로운 결단과 관점의 변화가 필요합니다. 유발 하라리는 "이 폭풍은 지나갈 것이다. 그러나 지금 우리가 내리 는 선택과 결단이 앞으로의 우리의 삶을 바꾸어 놓을 것이다"(This storm will pass. But the choices we make now could change our lives for years to come)라면서, "이후 우리가 살아갈 세상은 지금과 매우 다른 곳일 것"이라고 예견했습니다. 사실 '위기'라는 말에는 기회와 위험이 공존하고 있고, 히브리어에는 '출산대'를 의미하는 단어를 사용하였 습니다. 과거 아이를 출산하는 것은 생명을 걸어야 하는 위기의 순간 이었지만 새 생명을 출산하는 자리가 될 수도 있기도 하고, 산모와 아이가 죽음을 맞는 자리이기도 했던 점에 착안한 것인데 오늘 그 말 은 우리에게 시사하는 바가 큽니다.

그럼 포스트 코로나 상황과 관련하여 사역자들이 설교 사역과 관 련하여 내려야 할 결단은 무엇이어야 할까요? 앞으로 설교 사역에 무엇에 방점을 두고 실행할 것이며, 그 방향성은 어떻게 설정해야 할 까요? 시간의 제약 때문에 아무래도 방법론의 차원보다는 본질적 차 원에서 몇 가지를 제시하고자 합니다.

첫째, 가장 먼저 필요한 것은 설교 사역에 대한 신학적 고백의 점 검입니다. 신학은 사역을 결정하고, 그것을 바르게 수행하도록 돕는 역할을 합니다. 신학은 교회가 수행하는 복음의 선포가 바로 행해지는지 감시/조정해주며(monitoring), 성경을 바로 읽고 그것을 설교에 담아낼 수 있도록 가이드 역할을 합니다(functioning).[4] 다양한 정의가 가능하지만 기독교 설교는 '하늘의 신비를 드러내는 작업이고 이 땅에 펼치는 사역'입니다. 인간의 이성으로 다 이해할 수 없다는 점에서, 그리고 하나님의 계시를 통해서만 가능하다는 점에서 미스테리움(mysterium), '신비'의 사역입니다. 데이빗 버트릭(David Buttrick)이 강조한 것처럼 설교는 하나님의 "신비의 가장자리에서 춤추는"(dancing the edge of mystery) 사역이며, "이 땅에 복음을 펼쳐 보이는 비범한"(the extraordinary service of the gospel) 사역입니다.[5] 설교자는 그 사역을 감당하고 있지만 그 세계를 다 알 수 없고, 그분이 알려주심으로 감당할 수 있다는 점에서 '가장자리'(edge)에 서 있다는 표현이 얼마나 멋지고 적절한지 모릅니다. 그러나 그 세계가 너무나 놀랍고 감격스러워서 그는 그 가장자리에서 지금 춤을 추는(dancing) 사역 … 설교자는 지금 인간의 이성을 뛰어넘는 놀라운 세계 앞에서 전율에 사로잡혀, 떨리는 가슴으로 조심스럽게 나아갑니다.

이것은 소크라테스가 "나는 알지 못한다는 것을 안다"라고 한, 즉 "무지의 지(知)"를 자각한 것과 같은 차원, 그래서 델포이 신탁은 "살아있는 자 중에서 그가 가장 지혜롭다"라고 했던 맥락과 통합니다. 기원전 399년 아테네의 법정에서 '무지의 지'를 깨우치는 것을 자신의 소명이라고 갈파했던 소크라테스는 벌써 오래전에 "무지의 지"

---

4   Michael Pasquarello, III, *Christian Preaching: A Trinitarian Theology of Proclamation* (Grand Rapids: Baker Academic, 2006), 37.
5   David Buttrick, *Homiletic: Moves and Structures* (Philadelphia: Fortress Press, 1987), 186.

를 언급하면서 인간의 이성과 오감을 뛰어넘는 세계를 보았다는 말
이지요. 오늘 설교자들의 소명과 그 소명의 실행도 바로 여기에서부
터 시작됩니다. 이것을 독일의 신학자, 루돌프 오토(Rudolf Otto)는 '성
스러움', 즉 누미노제(numinose)로 규정합니다. 그는 이 개념을 신적
인 힘을 의미하는 '누멘'(numen)에서 가져오면서 인간의 경험으로는
도무지 도달할 수 없는 차원을 뜻하는 의미로 사용합니다. 그에게 있
어서 신비는 절대타자(das ganz Andere)에 대한 경험이며, 인간의 경지
를 넘어서는 "말로는 형언할 수 없는 강력하고도 압도적인 경험"이
됩니다. 이 차원을 경험하게 될 때 두 가지 반응으로 나타나게 되는
데, 오토는 이것을 전율(tremendum)과 매혹(fascinosum)으로 지칭합니
다. "두려운 신비"(mysterium tremendum)는 하나님의 신비에 사로잡히
면서 갖게 되는 최고의 떨림이며, 무한히 숭고하면서도 압도적인 감
정입니다. 이러한 신비를 느끼게 될 때 인간의 절대 의존 감정을 갖
게 되며, 생동성을 갖게 됩니다. 이것을 그는 "누멘적 활력"이라고
규정합니다. 여기에는 깊은 기쁨의 차원으로 "끌어당기며 매료하며,
매혹하는" 특성이 있는데 그 안에 빠져들 때 하나의 놀라움이 생성됩
니다.[6]

　이러한 광경을 우리는 엠마오로 내려가는 두 제자에게서 만나게
됩니다. 자신의 경험과 지식으로는 도무지 이해되지 않는, 죽은 자가
다시 살아났다는 그리스도의 부활 사건은 이해하기도 어렵고, 말로
도 설명할 수 없는 차원이었습니다. 더욱이 그들의 생의 문제와 연결

6　Rudolf Otto, *Das Heilige*, 길희성 역, 『성스러움의 의미: 신 관념에 있어서의 비합리적 요소, 그리고 그것과 합리적 요소와의 관계에 대하여』(왜관: 분도출판사, 1987), 4, 6장 참고.

될 때 그것은 아픔과 절망으로 다가왔고, 자신의 사고 세계에 갇혀 있었습니다. 그때 한 나그네가 함께했고, 길을 걸어가면서 그가 풀어 주는 말씀(토라)에 대한 해석을 들었을 때 그들의 가슴을 뜨거워졌고, 함께 떡을 떼며 잔을 나누는 행위, 일상의 식사를 바꾸어 성찬(미스테리움)으로 바꾸어 나누어 주셨을 때 그들은 눈이 열려 그 신비의 세계와 그 존재를 보게 됩니다. 그들 속에 일어나 전율과 매혹은 저녁 시간에 일어나 예루살렘을 향해 달려가게 했으며, 그들이 보았고 경험했던 그 신비를 전하였다고 성경은 초기 설교 사역을 그렇게 묘사합니다(눅 24:35).

이렇게 기독교 설교는 하나님의 신비를 경험한 사람들이 그것의 증거를 위해 부르신 소명을 따라 나아가는 길 위에서 수행되는 사역입니다. 그 길목에서 그가 보았고, 들었고, 가슴 벅차 울게 했던 그 신비 때문에 전율을 느낀 사람들이 그 신비에 매혹되어 하나님의 보내심을 따라 나아가 그것을 이 땅에 활짝 풀어내 보여주는 사역입니다. 그때 사람들은 하늘의 음성(vox divina)을 듣게 될 것이며, '생생한 복음의 소리'(viva vox evangelii)로 듣게 됩니다. 그래서 마틴 루터는 "설교하는 것보다 더 좋은 일은 있을 수 없다"라고 말했을 것이며, 후배 설교자들에게 "하나님의 말씀이 선포되는 곳에 부활하신 주님은 곧 뒤따라 오신다"라고 목소리를 높여 독려했을 것입니다.[7] 그렇습니다. 설교를 통해 그리스도께서 우리 가운데 다가오시며, 하나님의 말씀이 선포되는 그곳에 그리스도께서 현존하십니다. 포스트 코

---

7   Martin Luther, *Luther's Works*, vol. 49 (St. Louis: Concordia, 1958), 588, 15-18; vol. 29, 272, 8-9; vol. 29, 293, 16-17.

로나 시대에 설교자에게 가장 필요한 것이 있다면 이런 신학적 확신으로 다시 무장하는 것입니다. 그 확신으로부터 펼쳐지는 설교 사역은 다를 수밖에 없을 것이며, 이 엄청난 도전의 시간을 이겨낼 수 있는 가장 중요한 자산이 될 것입니다.

둘째, 설교에서 '본질로의 회귀'가 더 깊이 강조되어야 합니다. 새로운 이야기는 아니지만 종교개혁기에도 그랬듯 본질로의 회귀(Ad Fontes)는 교회가 계속해서 수행해야 할 과제입니다. 그동안 한국교회는 '7년 풍년의 시간'을 보낸 것이 사실입니다. 이제 차분히 흥분을 가라앉히고 본질로 돌아가는 운동이 필요합니다. 그동안 기독교 설교에는 그럴듯해 보여서 '기복'의 옷도 입혔고, 신종 '율법'의 옷도 입혔던 것이 사실입니다. 예수님께서 그렇게 싫어하셨던 것이 덕지덕지 붙어 있는 것은 아닌지, 깊은 숙고를 요구합니다. 깊이 생각하지 않아도 위기가 분명합니다. 그러나 지난 2,000년 교회 역사 가운데 위기가 없었던 시대는 한 번도 없었습니다. 주님의 교회는 외부로부터 오는 핍박이나 박해 때문에 무너진 적은 한 번도 없었던 것이 역사의 교훈입니다. 그러나 교회가 본질을 떠나 있고, 교회가 교회답지 못하고, 교회가 진리 위에 굳게 서지 못했을 때는 무너져 내렸다는 사실도 역사가 주는 교훈입니다. 부모의 위기는 부모가 부모답지 못할 때 발생하고, 교회 위기는 언제가 교회가 교회답지 못하고, 신앙인이 신앙인답지 못할 때 생겨난다는 사실을 우리는 알고 있습니다. 그래서 듀크대학교 명예교수인 스탠리 하우어워스(Stanley Hauerwas)는 토대 자체가 흔들리는 후기 기독교 시대(post-Christendom)를 지나면서 교회가 추구해야 할 가장 중요한 과제로 "교회가 본질을 회복하는 것"이라고 주장합니다. 교회는 "고아한 품격 공동체"(a community of character)여야 한다는 그의 주장은 우리 시대에 깊이 숙고해야 할 내용입니다.[8] 다시 말해 교회가 그 품격을 잃어버리면 모든 것을 상실한 것이 되는 것이기에 교회됨에 걸맞은 덕성 함양의 필요성을 강조합니다. 오늘 한국교회의 위기는 코로나로 인한 것보다 교회의 교회다움을 상실한 것, 성삼위 하나님께서 담아주신 고상하고 우아한 품격을 잃어버린 것이 더 심각합니다. 이런 자각은 더 널리 확산되어야 하고, 그런 자각으로부터 본질을 추구하며 새롭게 시작해야 합니다.

셋째, 오늘 설교자에게 필요한 또 한 가지는 "확신의 점검"입니다. 이것은 표면적 이야기가 아니라 '실존적' 이야기입니다. 설교자가 하나님의 현존에 대한 확신, 하나님의 역사하심에 대한 확신, 말씀의 능력에 대한 확신을 정말 가지고 있는 것인지 점검해야 한다는 말이지요. 하나님을 믿는다고 하지만 오늘날 목회 현장을 보면 정말 하나님을 믿는 사람인가에 대한 의구심을 갖게 될 때가 종종 있습니다. 그것은 교계도 마찬가지입니다. 금권 타락 선거는 다 아는 이야기가 되었고, 거짓과 폭력도 난무합니다. 주님의 인정보다는 세상과 사람들의 인정이 더 중요하고, 외형주의와 물량주의, 맘모니즘에 사로잡혀 있다는 평가는 이제 새로운 이야기는 아닙니다. 혹 우리는 '실질적 무신론'(practical atheism)에 사로잡혀 있는 것은 아닌지를 깊이 고

---

8   Stanley Hauerwas, *A Community of Character: Toward a Constructive Christian Social Ethic* (Notre Dame, IN: University of Notre Dame Press, 1991).

민해야 한다는 말입니다. 만약 그렇다면 설교의 생명력은 나타날 수 없게 되겠지요. 아니 그러한 설교자를 통해서 대단한 영향력이 나타난다면 그것도 문제가 될 수밖에 없겠지요. 이 어려운 시기에 설교자는 '과연 우리는 정말로 하나님을 믿는 사람이며, 하나님의 역사하심을 믿는 사람인가'를 다시 확인하고 자신을 점검할 필요가 있습니다. 말씀의 능력은 화려한 수사나, 뛰어난 영상 편집과 제작에서 오지 않고 — 그것은 단지 부차적 요소일 뿐입니다 — 설교자의 확신에서부터 시작됨을 기억해야 합니다.

설교자는 말씀의 사람입니다. 말씀을 능력을 확신하는 사람이고, 그 말씀을 삶으로 구현해 가는 사람입니다. 그러므로 설교자는 말씀이 들어갈 때 에스겔 골짜기의 마른 뼈들도 살아난다는 말씀의 능력, 좌우의 날선 검처럼 혼과 관절과 골수를 찔러 쪼갠다는 말씀의 능력을 믿는 사람인지를 자신을 점검해야 합니다. 설교자의 신앙과 품격, 삶은 늘 점검의 대상이 되어야 합니다. 영화 『베테랑』에서 돈으로 모든 것을 해결하고 움직여 가는 세상을 향해 광역수사대 형사(황정민)가 외치는 말이 기억납니다. "우리가 돈이 없지, 가오가 없냐?"[9] '가오' 잡다가 망한 사람도 있고, 그것이 밥을 먹여주지는 않지만 어려운 때 꿋꿋이 달려갈 힘과 버틸 힘, 소망을 준다는 것도 사실입니다. 그것은 설교자의 '자존심'이라고 할 수 있습니다. 성경의 설교자들은 속된 표현으로 '돈'에 이끌린 사람들이 아니라, 말씀에 이끌려 타협하지 않는 '가오'의 사람들이었습니다. 오늘 그것이 점점 약화되고 있어 목회자의 신뢰도 추락의 한 이유는 아닐까요?

---

9   류승완 감독 영화, 〈베테랑〉 2015년 작품.

아브라함 요수아 헤셸은 그것을 "하나님의 정념(pathos)"으로 설명합니다. 그들은 세상 사람들을 불편하게 하는 사람들이었을지 모르지만 하나님의 정념으로 활활 타오르고 있는 사람들이며, 성경은 그들을 설교자(예언자)로 명명합니다.[10] 그들에게 하나님은 "거역 못할 실재였고, 당황하여 쩔쩔매게 하는 임재"였습니다. 그들은 결코 하나님에 대하여 "먼 거리에서 말하지 않았으며", 하나님의 "본성을 밝혀보려는 탐색자"로서가 아니라 "하나님의 말씀에 얻어맞은 증인"으로 살았던 존재들이었고, 그들이 드러내 보이기 위해 몸부림친 것은 "하나님의 본질이 아니라 인간에 대한 하나님의 통찰과 인간에 대한 그분의 관심"이었다고 주장합니다. 그들은 "하나님과 인간 사이를 갈라 놓은 구렁을 하나님의 정념으로 뛰어넘을 수 있다"라고 확신하는 자들이었습니다.[11]

넷째, 그리스도인 됨의 의미와 정체성을 바로 심어주고, 삶의 신앙을 강조하는 설교가 필요합니다. 항상 그렇지만 포스트 코로나 시대에 그리스도인들에게 정말로 필요한 것은 "그리스도인답게 바로 사는 것"이고, 교회다움과 그리스도인다움을 회복하는 것입니다. 반칠환 시인은 그 '다움'의 비밀을 이렇게 깨우쳐 줍니다.

경복궁 맞은편 육군 병원엔 울타리로 넝쿨장미를 심어놓았습니다

---

10 Abraham Joshua Heschel, *The Prophets*, 이현주 역, 『예언자들』(서울: 삼인, 2004), 351-366.
11 위의 책, 352, 361.

조경사의 실수일까요 장난일까요

붉고 탐스런 넝쿨장미가 만발한 오월

그 틈에 수줍게 내민 작고 흰 입술들을 보고서야 그중 한

포기가 찔레인 줄을 알았습니다

그토록 오랜 세월, 얼크러 설크러 졌으면

슬쩍 붉은 듯 흰 듯 잡종 장미를 내밀 법도 하건만

틀림없이 제가 피워야 할 빛깔을 기억하고 있었습니다

꽃잎은 진 지 오래되었지만

찔레넝쿨 가시가 아프게 살을 파고 듭니다

여럿 중에 너 홀로 빛깔이 달라도 너는 네 말을 할 수 있겠느

냐고.[12]

찔레는 화려한 장미들 틈바구니에 서 있어도 기죽지 않고 자기만
의 색깔로 꽃을 피운답니다. 아무리 오랜 시간 서 있어도 틀림없이
자기만의 색깔로 피어난답니다. 여러 중에 너 홀로 색깔이 달라도 너
는 그리스도인으로서 너만의 색깔로 설 수 있겠느냐? 묻고 있습니
다. 하나님의 백성의 색깔, 주님의 교회 색깔을 잃어버리지 않았느냐
고 … 세상 사람들이 싸운다고 교회 안에서도 똑같이 싸우고, 세상
사람들이 서로 미워하고 파당을 가른다고 똑같이 파당을 가르고, 세
상 사람들이 자기 자랑하는 재미로 산다고 교회도 똑같이 그렇게 할
때 교회는 약화됩니다. 교회의 위기는 세상과 다르지 않을 때 생겨납
니다. 교회 위기는 세상과 똑같이 살아가는 데서부터 시작되었습니

---

12 반칠환, "장미와 찔레" 전문.

다. 자기만의 색깔을 잃어버린 데서부터 시작되었습니다.

그런 점에서 보면 설교는 그리스도인의 바른 정체성을 형성하는 것이고, 하나님의 놀라운 구속 역사를 기억하는 기억 공동체를 형성하는 사역입니다. 수많은 왜곡과 혼동이 일어나고 있는 시대에 바른 정체성을 형성하는 사역입니다. 설교자에게는 '기억 공동체 수립'을 명하셨고, 마치 첫 인간 아담에게 그 사명이 주어졌듯이 설교자에게는 정체성을 부여하는(naming) 사명이 주어졌습니다. 결국 모든 시작은 설교자로부터 시작됩니다. 모든 시작을 말씀이 말씀답게 선포되느냐로부터 시작됩니다. 그래서 주님은 설교자들에게 "견실하며 흔들리지 말 것"과 "더욱 힘쓰는 자들이 될 것"을 명하셨고, 설교자의 수고가 "주안에서 헛되지 않을 것"임을 약속하셨습니다(고전 15:58). 그래서 권고합니다.

그대는 하나님을 위해 최선을 다하고, 그대가 부끄러워하지 않을 일, 곧 진리를 쉽게 풀어 분명하게 전하는 일에 집중하십시오. … 경건한 삶이 뒷받침되지 않는 말은 독약처럼 영혼에 쌓이게 마련입니다(딤후 2:15-16, 메시지성경).

다섯째, 돌봄과 위로, 격려와 소망의 공동체를 수립해 가야 합니다. 코로나 상황은 성도들에게도 많은 어려움을 가져오고 있고, 불안과 두려움이 진을 치고 있습니다. 새롭게 기술하지 않아도 코로나로 인해서 많은 사람이 이미 어려움을 겪고 있지만 당분간 어려움과 고통은 더 가중될 것임이 틀림없습니다. 이때 필요한 것은 교조주의적 신학 논쟁이나 진영 논리가 아니라 예배와 말씀을 통한 진정한 위로를 어떻게 더 생생하게 전하고, 세상을 향하여 하나님의 희망과 평화를 어떻게 전할 수 있을 것인가가 사역자의 관심사가 되어야 할 것입니다. "내 영혼아, 네가 어찌하여 낙심하며 어찌하여 내 속에서 불안해하는가? 너는 하나님께 소망을 두라. 그가 나타나 도우심으로 말미암아 내가 여전히 찬송하리로다(시 42:5)." 시편 기자와 같이 교회가 세상에 전해야 할 희망과 위로의 메시지가 더 선명하고 생생해야 합니다.

교회는 고립된 섬이 아닙니다. 천상의 공기만 마시며 게토로 존재하는 공동체가 아니고 세상 가운데서, 세상을 위해 세움 받은 공동체이며, 주님께서 매번 구하라고 가르쳐 주신 것처럼 하늘의 뜻을 이 땅에 펼치는 공동체입니다. 국가와 지역사회, 인간 영혼을 돌보고 탄원해야 할 생명 공동체이며, 중보 공동체입니다. 요즘과 같은 재난 상황에서 교회가 힘써야 할 것은 두려움에 떨고 있는 지구촌을 위해 기도하고, 하나님의 긍휼을 구하며, 인간의 유한성과 하나님의 주권을 선포하며, 하늘의 위로와 평화를 세상과 나누는 공동체여야 합니다. 바른 예배 신앙과 신앙관의 확립과 함께, 돌봄 공동체의 특성을 더 강화해야 할 것입니다.

여섯째, 전염병 관련하여 강조되어야 할 메시지는 인간의 탐욕과 하나님의 주관과 심판, 창조세계의 보존과 공존, 인간의 유한성과 하나님의 통치하심(주권), 키리에 일레이손 신앙 등을 담아야 합니다. 코로나는 창조세계를 파괴하는 무분별한 개발과 생태계의 파괴, 환경 오염과 인간의 탐욕과 이기심이 빚은 결과였음을 부인할 수 없습니다. 끝이 없는 인간의 탐욕이 피조 세계와 생태계를 지금 파멸로 치닫게 하고 있습니다. 코로나바이러스를 통해 우리는 인간의 연약함과 유한성을 깨닫게 되면서 하나님의 긍휼과 자비가 아니면 설 수 없는 나약한 존재임을 깨닫게 됩니다. 인간의 탐욕과 하나님의 심판은 성경의 중심 주제이기도 하고, 그리스도인의 큰 책무 중의 하나는 '창조 세계의 보존'입니다. 또한 작은 바이러스 앞에서 전 세계가 묶이는 것을 보며 하나님의 주권에 대한 선포, 은혜와 긍휼로 살아가는 존재임을 선포하는 키리에 일레이손 신앙 등의 주제 선포되어야 할 요소입니다.

Ⅳ. 포스트 코로나, 그리고 예배 사역

예배사역에 대한 것도 몇 가지로 원리적인 내용을 중심으로 간추려 봅시다. 포스트 코로나 시대에 예배 신앙과 예배 사역을 세우는 그 어떤 것보다 중요하고 긴급한 사역임에 틀림이 없습니다. 그동안 코로나 상황에서 예배 사역을 세우기 큰 노력을 계속해 왔지만 흩어진 교인들을 어떻게 예배의 자리로 불러 세울 것인지는 여러모로 노력하고 대책을 세워야 합니다. 그 기본 원리들을 몇 가지로 정리해 봅시다.[13]

---

13 보다 상세한 내용을 위해서는 김운용, 『예배, 하늘과 땅이 잇대어지는 신비』(서울: 장신대 출판부, 2017)를 참고하십시오.

첫째, 주일성수 신앙과 예배 신앙의 중요성을 다시 일깨웁시다.
기독교 예배는 예수 그리스도의 십자가와 부활 사건 이후 부활의 날
에 자연스럽게 그 놀라운 사실을 경축하고 감사하기 위해 모이면서
시작되었습니다. 2세기, 순교자 저스틴의 변증록에 나오는 이야기는
당시 초기 교회의 주일 이해와 예배 신앙을 살펴볼 수 있습니다.

> 주일은 우리가 모두 예배를 위해 모이는 날입니다. 왜냐하면, 그
> 날은 어두움과 모든 일을 바꾸고 계시는 하나님께서 세상을 새롭
> 게 하시며, 우리의 구세주이신 예수 그리스도께서 죽은 자들로부
> 터 부활하신 날이기 때문입니다. … 토성의 날 바로 다음 날인 태
> 양의 날에 제자들에게 나타나셔서 우리가 증언하는 그것들을 가
> 르쳐 주셨습니다(The First Apology, 1권, 67장).

이렇게 부활 사건은 당시 모든 그리스도인의 시간 인식과 신앙을
완전히 바꾸어 놓는 역할을 하였습니다. 예수 그리스도 안에서 이루
신 성 삼위 하나님 구속역사의 가장 중요한 사건인 부활은 새로운 창
조의 사건으로 인식하면서 초대교회는 예수님께서 부활하신 날을 가
장 중요한 날로 인식하였고, 1세기 때부터 안식일(토)에서 주일로 예
배의 날을 바꾸어 지키게 되었습니다. 성경과 교부들은 주일을 확고
한 예배일로 정하고 있으며, 1세기 말에 이미 주일에 대한 신학적 기
초가 완성되었습니다. 363년 라오디게아 공의회는 이날을 의무적으
로 예배하는 날로 정하고 노동을 금하는 규정도 결정합니다.

본래 안식일은 휴식의 의미에 초점이 맞춰지기보다는 예배와 하
나님 경외 신앙의 삶과 깊은 연관이 있는 날입니다. 이날은 하나님의

창조사건과 구속사건과 연결이 됩니다(창 2:2, 출 20:2). 유대인들에게 가장 중요한 날이 안식일이었고, 그것은 그들 삶의 중심을 차지하였습니다. 유대교 전통에 서 있었던 예수님과 제자들도 당연히 이렇게 중요한 안식일을 준수하였습니다. 그러나 초대교회는 예수 그리스도의 십자가와 부활 사건을 경험하면서 하나님의 창조와 구속사건이 여기에서 새롭게 성취되고, 재창조 사역이 시작된다는 사실을 깨닫게 됩니다. 타락한 인간들이 왜곡하고 파괴하였던 첫 번째 창조가 그리스도 안에서 새로운 창조와 구속사건으로 나타나고, 구약의 희생제사와 예식들이 성취되고 있음을 발견하면서 안식일은 "그리스도 안에서 실현된 안식의 한 예표"로 여기게 되었고, 주님 부활하신 날로 예배일로 바뀌면서 안식일 준수 개념도 달라집니다.

초대교회는 주일을 그리스도 안에서 하나님의 다스리심이 부활을 통해 새롭게 확인된 날로 이해하였고, "안식 후 첫날"이나 "여덟 번째 날"이라는 표현은 바로 이런 의미를 내포한 것입니다. 그래서 나지안주스 그레고리(Gregory of Nazianzus)는 "우리는 죽음의 권세에 묶여 있었다. 그러나 부활은 분명하게 두 번째 창조였다. … 주일은 두 번째 창조가 시작된 첫날이었다. 그래서 두 번째 창조가 시작된 날임을 강조하기 위해 8번째 날이라고 명명하였다"라고 강조합니다. 어거스틴 역시 그렇게 밝힙니다.

> 영원한 날인 여덟 번째 날은 그리스도의 부활하심으로 인해 거룩하게 된 날이며, 몸과 영이 얻게 될 영원한 안식을 예시한다. 그 날 우리는 안식을 누리게 되며 하늘의 세계를 보게 될 것이다. 보게 되면 진정으로 사랑하게 되며, 사랑하게 되면 진정으로 찬양

하게 될 것이다(*The City of God*, 20:30:5).

여기에서 우리는 휴식과의 관련성뿐만 아니라 자발적인 예배 행위와 연결시키고 있음을 봅니다. 예배를 위해서 모든 삶의 행동을 쉬는 것이고, 그 쉼은 예배의 형태를 취합니다. 이런 점에서 예배는 구원받은 하나님의 백성들이 예수 그리스도 안에서 성취된 성 삼위 하나님의 구원 역사를 경축하고, 새롭게 맛보는 종말론적 특성을 가집니다. 그러므로 주일은 모든 사람이 누릴 수 있는 것이 아니고, 적어도 죄에 대해 죽고 그리스도에 대해 산 사람만이 누릴 수 있는 복입니다.

성경과 초대교회에서는 주일에 대한 명칭을 아주 다양하게 사용하였습니다. '주님의 날'은 이날의 중심이시며, 그것을 세우시고 명령하신 분이 주님이심을 강조하기 위해 사용하였습니다. '빛의 날'은 주일이 부활하신 주님께서 이 세상에 빛을 비추시는 날이며, 성경을 펼침과 말씀 선포를 통해 모든 영혼에게 빛을 공급하시는 날임을 강조하기 위해 사용하였습니다. '예배의 날'은 주님을 예배하기 위해서 모였던 날이 주일이었다는 점을 강조하기 위해 사용합니다. 초대교회 이래 기독교회는 주일에 예배를 위해 모였으며, 말씀을 듣고 성찬을 행하며, 예물을 드리고, 형제애를 나누는 일에 전념하며 주일을 보냈습니다. 주일에 가장 중요한 일은 예배드리는 것이었으며, 박해 상황에서도 예배 참석만은 포기하지 않고 목숨을 걸었던 이유가 바로 거기에 있었습니다.

그렇다면 주일은 어떻게 지켜야 할까요? 역시 우리 시선을 초대교회로 가져가 봅시다. 이런 이해를 가지고 그들은 어떻게 예배했던 가요? 초대교회는 많은 구약의 율법 조항에 따라 예배하기보다는 더 적극적이고 실질적인 자기 구별과 드림(롬 12:1-2)에 관심을 기울이며 예배를 드렸습니다. 유대교 절기 대신에 예수 그리스도의 구속역사와 관련한 절기를 지키게 되었고, 구약 절기에서 먹던 음식 대신 거룩한 식사가 자리를 잡았습니다. 이 모든 것은 '그리스도 안에서'라는 용어를 중심으로 이루어졌습니다. 그리스도의 탄생, 죽으심, 부활, 승천, 재림의 사건은 초대교회의 주요 선포 내용인 케리그마가 되었으며, 새 언약과 새 창조가 이루어진 구속사건을 경축하기 위해 교회력이 그것을 중심으로 정비됩니다. 예배를 위해 모인 날은 주님의 날(the Lord's day)이 되었으며, 예배에서 함께 나누는 식사는 '주님의 만찬'(the Lord's supper)이 됩니다.

이런 중요한 신학적 의미 때문에 초대교회는 주일을 소중한 예배일로 지키게 됩니다. 주일예배는 주님의 나타나심(파루시아), 임재하심에 대한 기대와 친교(koinonia)와 형제애(philadelphia)를 바탕으로 한 공적 행위(레이투루기아)로 인식되었습니다. 사적 필요나 사정에 따라 모인 것이 아니라 박해의 위협 앞에서도 공적인 자리, 정해진 시간에 함께 모여 말씀을 듣고 떡을 떼는 성찬에 매 주일 정기적으로 참여하였습니다. 또한 초대교회는 주일에 기쁨과 감사, 경배의 마음을 가지고 모였으며, 예배 후에는 어려운 사람들과 이웃을 돌보는 구제와 봉사 사역을 감당하였습니다.

이렇게 초대교회는 주일을 예배의 날로 거룩하게 구별하여 지켰는데, 여기에서 우리는 '주일 성수'라는 용어가 나옵니다. 그들이 주일을 지키는 데에는 몇 가지 원칙이 있었습니다.

① 그침의 차원: 이것은 단지 일 자체의 그침만은 아니었습니다.

마르바 던은 "성취와 생산의 필요에 대한 그침, 현대사회가 요구하는 성공의 기준으로 인한 염려와 긴장에 대한 그침, 소유욕과 문화에 대한 그침, 하나님을 삶의 중심에 두지 않고 살아갈 때 생겨나는 단조로움과 무의미에 대한 그침"까지 포함시킨다고 주장합니다.[14] 일을 그치는 것은 하나님을 섬기고 예배하기 위함이며, 근심, 걱정, 긴장, 욕심을 멈추는 것을 포함합니다.

② 쉼의 차원: 쉼은 하나님의 창조 질서였으며, 그분이 깊이 원하시는 바였습니다. 주일은 예배를 위해 모든 노동을 내려놓고 주안에서 진정한 쉼과 영적 안식을 누리는 날입니다. '쉼'을 뜻하는 히브리어 '메누하'는 일과 삶의 긴장으로부터 자유와 같은 차원을 훨씬 넘어서는 단어인데 이것은 무엇을 하지 않는다는 수동적이고 부정적 차원보다는 훨씬 적극적 의미를 가진 단어입니다. 이것은 우리 삶의 주인 되시는 분의 인도하심을 따라 나아가는 길목에서 만나게 되는 차원입니다. 그래서 시편 23편은 '쉴만한 물가'라는 표현에서 바로 '메누호트'(메누하의 복수 연계형)를 사용하여 하나님의 평화와 그분 품에 있을 때 맛보게 되는 차원으로 연결합니다.

③ 은혜를 받아들임과 기쁨과 감격으로 예배함의 차원: 주일을 지키는 보다 적극적 자세는 하나님의 은혜에 반응하고 온전히 잠기는 것이며, 그것을 세상과 나누는 것입니다. 즉 그분이 원하시는 것을 수행하려는 결단과 삶의 실행으로 나타나야 합니다. 또한 하나님의 놀라운 구원의 역사와 은혜에 대한 감격을 가지고 송축하는 예배 드림으로 귀결됩니다. 예배는 시간을 때우는 자세나 딱딱한 의식과

---

14 Marva J. Dawn, *Keeping the Sabbath Wholly*, 전의우 역, 『안식』(서울: IVP, 2001), 19.

경직으로 채울 것이 아니라 경축과 감격으로 채워야 합니다.

이런 관점을 따라 바른 예배 신앙을 가지고 온전한 예배를 드리도록 하는 캠페인이 대대적으로 일어나야 할 것입니다. 주일 성수와 온전한 예배 신앙 회복을 위해 무너진 영성 회복, 무너진 제단 다시 쌓기 등의 다양한 캠페인을 통해 현장예배 회복과 사역 정상화를 위해 노력해야 합니다. 당분간은 온라인과 오프라인으로 병행하여 예배의 열심을 불러일으켜야 합니다.

둘째는 현장 예배뿐만 아니라 온라인 예배도 개발해야 합니다. 코로나19는 많은 영역에 영향을 끼쳤지만 교회 사역과 예배 현장에 가장 많은 변화를 가져왔습니다. 전통적 관점들이 새롭게 도전을 받게 되었으며, 수백 년 지속된 예배 방식에도 재난 상황은 불가피하게 많은 변화를 만들어 냈습니다. 당연시 여겼던 많은 것들이 당연하지 않은 것이 되었고, 간헐적으로 주장되던 온라인 예배나 사이버 교회가 구체화되고 말았습니다. 신학적 검토가 이어져야 하겠지만 예배는 물리적 시공간을 이용하고, 공동체성이 중요한 근간을 이룹니다. 하지만 물리적 공간에 의해서 항상 제한받지는 않으며, 전통적 개념을 훨씬 넘어서는 인식들이 형성되고 있습니다. 초기에는 예배 이해 때문에도 대면 예배만을 고집하기도 했지만 예배는 인간의 말로 다 설명할 수 없는 신비의 특성을 지닌다면 우리가 가지고 있는 전통의 틀이나 우린 이렇게 예배해 왔다는 습관적 행태에 묶어버리거나 제한하지 않아야 합니다. 무엇보다도 사이버공간에서의 예배가 현실화되었고, 5G 인터넷 망이 잘 구축되어 코로나 상황에서 온라인 예배 진행에 큰 도움을 받았습니다. 그동안 온라인 예배를 잘 준비하여 어려움의 시간에도 예배 사역을 이어왔고, 상황을 넘어 언제, 어디에서나 하나님께 예배하는 신앙을 유지하도록 하였다면, 포스트 코로나 시대에 현장예배의 활성화에도 노력해야 하지만 편리함에 빠진 교인들을 어떻게 깨울 것인가와 온라인 영역도 함께 개발하여 젊은 세대를 예배의 자리로 불러들이는 것은 사역의 새로운 과제입니다. 특히 교회학교 다음 세대와 2-30대 젊은 세대를 어떻게 다시 교회로 불러모을 것인가에 사역의 초점을 맞춰야 합니다. 뿐만 아니라 다양한 온라인 형식(영상통화, 줌 등)을 통한 목회 돌봄 사역도 더 원활하게 할 수 있음을 감안하여 긍정적인 측면에서 적극 활용이 가능하겠습니다. 다만 바른 예배 신앙을 지켜내고, 예배의 중요한 요소인 공동체성이 어떻게 보존되면서도 사이버 공간을 유용하게 활용할 수 있을 것인지의 관점으로 발전시켜 가야 할 것입니다.

셋째, 결국 예배 사역은 목회자의 예배 열정에서 모든 것이 결정됩니다. 예배는 하나님께 올려드리는 것이라는 점에서 최고의 예술이어야 하며, 공동체가 함께 그런 고백과 영광을 올려드려야 한다는 점에서 커뮤니케이션의 차원에서 이루어집니다. 예술적 차원에서는 예배는 그 형식과 표현이 늘 새롭고 신선하면서도 감동이 있어야 합니다. 커뮤니케이션 차원에서 어떻게 예배가 가지는 신학적 의미와 영감, 순서(ordo)가 가지는 의미 공유하고 전달할 수 있을 것인지에 대해서는 깊은 고민과 노력이 요구됩니다. 무엇보다 목회자가 그 한 번의 예배에 생명을 거는 자세가 필요합니다. 오늘 우리에게 가장 시급하게 필요한 것은 예배에 대한 열정과 헌신입니다.

그뿐만 아니라 디지털 시대로 급격하게 전환되고 이때에 목회자에게는 미디어 리터러시(media literacy) 능력을 갖추는 필수 요소가 되고 있습니다. 코로나 상황은 교회의 예배와 설교의 풍경을 크게 바꾸어 놓았고, 목회자들의 디지털 리터러시 능력 향상에도 크게 역할을 했습니다. 리터러시(문해력) 능력을 계속 발전해 왔습니다. 문자를 읽고 쓸 줄 아는 리터러시부터, 텔레비전 등으로 대표되는 시각 리터러시, 컴퓨터와 멀티미디어를 활용할 줄 아는 리터러시로 발전하였고, 이제 미디어와 디지털 세계를 이해하고 활용할 줄 아는 리터러시로까지 확장, 발전되고 있습니다. 코로나 상황은 교계의 미디어 리터러시 확장하게 크게 기여했음을 부인할 수 없습니다. 목회자에게 요구되는 것은 디지털 리터러시에 대한 관심과 연구, 활용 능력을 구비하여야 합니다. 목회자 훈련을 받을 때 고강도의 신학공부가 필요했듯이 미디어 해독과 활용 능력을 함께 갖춰야 합니다.

과거에도 그랬지만 오늘, 우리의 예배는 여전히 영광스럽게 세워져야 합니다. 진정한 예배는 하나님의 신비와 경이로움을 대면한 사람들이 감격하여 올려드리는 찬양이요, 경배이며, 그분의 놀라운 임재 앞에서 가장 적절하고 온전한 응답을 사랑으로 올려드리는 것입니다. 기독교 예배는 예수 그리스도 안에서 나타난 거룩하신 하나님의 구속 역사와 사랑에 대해 그리스도인의 기쁨 가득한 응답입니다. 어떤 차원이나 형식으로 드리든지 간에 기독교 예배는 영원하신 창조주께 올려드리는 피조물의 응답입니다. 예배는 하나님의 거룩성에 의해 우리의 삶과 영혼, 양심을 일깨우는 것이며, 하나님의 진리로 우리의 심령(mind)을 먹이는 것입니다. 하나님의 아름다움을 통해 촉발된 상상력을 통해 삶을 정화하고, 추구하는 것을 정화하는 자리이며, 하나님의 사랑을 향하여 우리의 마음(heart)을 여는 것입니다. 또한 하나님의 목적에 대해 우리의 뜻과 인생의 목적을 온전히 맞추는 것입니다. 우리는 지금까지도 예배해 왔고, 주님 오시는 그날까지 우리는 예배할 것입니다. 코로나 상황에서도, 포스트 코로나 상황에서도 우리는 계속해서 예배할 것입니다. 아니, 우리는 천국에 가서도 그 예배를 계속하게 될 것입니다. 중요한 것은 바른 예배, 하나님이 기뻐 받으실 그런 예배를 욕심내야 합니다.

V. 그 아름다운 헌신이 있어

언젠가 오래전 방영된 "남극의 눈물"이라는 다큐멘터리를 다시 본 적이 있습니다. 국내 한 방송사에서 남극 호주 기지에서 약 300여 일 동안 황제펭귄의 겨울부터 여름까지 1년 동안 촬영한 것이었습니다. 혹한의 겨울, 알을 지키기 위해 극한 상황에서 생존을 위해 애쓰는 황제펭귄의 모습이 눈물겨웠습니다. 남극의 겨울, 120일 동안 아무것도 먹지 못하고 알을 품어야 하는 수컷, 그들이 맞서야 하는 추위는 영하 60도입니다. 발 위에 알을 올려두고 '배란 낭'이라고 불리는 뱃가죽 안으로 알을 품습니다. 자칫해서 알을 떨어뜨리기라도 하면 1분 만에 알은 얼어붙습니다.

수컷들은 남극의 추위를 견디기 위해 '허들링'이라는 그들만의 독특한 방법으로 겨울을 납니다. 알을 품은 수컷들은 반쯤 동면한 상태로 겨울을 나는데, 이때 영하 60도의 추위와 시속 200km의 강풍을 이겨내기 위해 수컷들끼리 무리를 지어 겨울을 납니다. 둥그렇게 모인 이 무리는 자리를 바꾸어가며 빙빙 돕니다. 바깥에 선 펭귄들의 체온이 내려가면 안으로 들어가고, 안에 있던 펭귄은 다시 바깥에 서는 방식입니다. 허들링을 하면 안과 밖은 최고 10도가량 차이가 난다고 합니다. 1㎡ 안에 크기 130cm의 황제펭귄이 열 마리나 들어찰 정도로 허들링은 겨울을 나는데 효과적입니다. 욕심부리지 않고, 누구 하나 밀어내지도 않는 황제펭귄들만의 지혜입니다.

이렇게 해서 수컷들은 아무것도 먹지 않은 채 두 달간 알을 품습니다. 먹는 것은 최소한의 수분 유지를 위한 눈이 전부입니다. 서식지에 도착한 지 넉 달이 지나면 황제펭귄 수컷의 몸무게는 약 절반으로 줄어듭니다. 그리고 드디어 새끼가 태어납니다. 아무것도 먹지 못한 아빠지만 위벽에 저장되어 있던 먹이, '펭귄 밀크'를 토해내 새끼에게 먹이기 시작합니다. 따뜻한 아빠의 배 속 온도는 37도, 그곳에서 새끼는 잠도 자고, 먹이도 먹습니다. 새끼가 스스로 몸의 온도를 조절하고 유지할 수 있기까지는 50일이 걸립니다. 만약 아빠의 발등에서 떨어져 나가면 새끼는 제대로 한 번 울어보지도 못한 채 몇 분 만에 얼어 죽게 됩니다. 황제펭귄이 남극에서 새끼를 낳는 이유는 겨울에는 그곳이 너무 추워 천적이 없기 때문이랍니다. 새끼들은 이런 헌신 덕분에 살아남아 남극의 찬란한 봄을 맞습니다. 그리고 여름이 오면 새끼들은 바다로 향합니다. 그 아름다운 헌신이 있어 얼음대륙 위에서의 생명력이 이어져 갑니다.

오늘 우리에게 필요한 것도 이 정신입니다. 예배와 설교 사역을 위한 이런 헌신자들이 있을 때 그 사역을 여전히 영광스럽게 세워질 것입니다. 자신을 죽이려고 달려드는 이들이 둘러싸인 왕궁에서 다시 개혁군주 정조의 이야기와 역사적 실재를 중심으로 만든 영화, 『역린』이 생각이 나 오래전 본 적이 있는 영화를 몇 주 전에 다시 꺼내 본 적이 있습니다. 시나리오도, 구성도, 촬영도 탄탄한 영화를 생각을 하면서 감명 깊게 보았습니다. 예기 중용 23장의 내용과 직원 예배에서 나눴는데 영화에서 다시 들으니 구절 하나하나가 마음을 강하게 쳤습니다.

> 작은 일도 무시하지 않고 최선을 다해야 한다.
> 작은 일에도 최선을 다하면 정성스럽게 된다.

> 정성스럽게 되면 겉에 배어나오고
> 겉으로 드러나면 이내 밝아지고
> 밝아지면 남을 감동시키고
> 감동시키면 이내 변하게 되고
> 변하면 생육된다.

> 그러니 오직 세상에서 지극히 정성을 다하는 사람만이
> 나와 세상을 변하게 할 수 있는 것이다.

'작은 것에도 정성'을 다하랍니다. 박노해 시인도 그리 권고합니다.

> 큰 것을 잃어버렸을 때는
> 작은 진실부터 살려가십시오.

큰 강물이 말라갈 때는
작은 물길부터 살펴주십시오.
꽃과 열매를 보려거든 먼저
흙과 뿌리를 보살펴 주십시오.

오늘 비록 앞이 안보인다고
그저 손 놓고 흘러가지 마십시오.

현실을 긍정하고 세상을 배우면서도
세상을 닮지 마십시오 세상을 따르지 마십시오.

작은 일 작은 옳음 작은 차이
작은 진보를 소중히 여기십시오.
작은 것 속에 이미 큰 길로 나가는 빛이 있고
큰 것은 작은 것들을 비추는 방편일 뿐입니다.

현실 속에 생활 속에 이미 와 있는
좋은 세상을 앞서 사는 희망이 되십시오.[15]

포스트 코로나 시대, 예배/설교 사역을 고심하는 이들에게 "큰
강물이 말라갈 때는 작은 물길부터" 살피고, "꽃과 열매를 보려거든
먼저 흙과 뿌리를" 보살피랍니다. 우리가 그리되어 이 어려운 상황에

---

15 박노해, "길 잃은 날의 지혜," 전문.

서도 우리의 예배/설교 사역이 꽃과 열매로 피고 맺어지면 좋겠습니
다.

장로회신학대학교 개교 120주년 기념 목회자세미나

포스트 코로나 시대의 목회

2장

포스트 코로나 시대의
목회 돌봄

홍인종

장로회신학대학교 교수, 목회상담학

I. 들어가는 말

인간 역사의 중심에는 예수님이 계신다. 예수님을 기준으로 기원전과 기원후가 B.C(Before Christ)와 A.D(라틴어 Anno Domini, in the year of our Lord, since Christ was born)로 나눈다. 성도의 삶에 분기점도 예수 그리스도이다. 복음, 복된 소식에 의해서 옛사람과 새사람으로 나눈다. 세상의 기준은 바뀔지 모르지만 인간을 창조하고 가정을 디자인(Design) 하신 하나님의 계획과 그 삶의 원리는 여전히 유효하다.

그런데 코로나19 팬데믹 상황이 장기화되면서 뉴노멀, B.C(Before Covid)와 A.C(After Covid)로 나눈다고 한다. 코로나19가 우리의 이전과 이후의 삶을 바꾸어 놓았기 때문이다. 팬데믹(Pandemic)이란 세계보건기구가 선포하는 감염병 최고 경고 등급이다. 세계적으로 감염병이 대유행하는 상태를 일컫는데, 팬데믹 선언은 1968년 홍콩 독감, 2009년 신종플루 때에 이어, 이번이 세 번째이다.[1] 코로나19 팬데믹 현상이 계속되면서 뉴노멀(New normal)이라는 용어가 주요 키워

---

1   네이버 지식 백과. https://terms.naver.com/entry.naver?docId=1689767&cid=43667&categoryId=43667

드가 되었다. 새롭다는 New와 보통, 평균, 기준, 정상적이라는 뜻의 Normal이 합쳐진 단어이다. 시대의 변화에 따라 '새롭게 부상하는 기준이나 표준' 또는 '비정상으로 보였던 현상이나 지표가 점차 아주 흔한 표준이 되는 것'을 뜻한다. 이전에는 생소했던 용어들, 사회적 거리두기, KF94 마스크, Zoom, 비대면, 방역, QR코드 인증, 체온 측정, 언택트(사람을 직접 만나지 않고 물품을 구매하거나 서비스 따위를 받는 일), 넷플릭스(Netflix) 영화보기, 영상 온라인 예배, 자가 격리, 문진 표, 배송구매, 쿠팡, 재택근무, 에듀테크, 원격 의료와 청년들의 주식 관심이 늘어나면서 가상화폐, 비트코인 등 사회 전반에서 다양한 형 태의 뉴노멀이 진행되고 있다. 예전에는 마스크를 쓰면 "어디가 아프 냐?"라고 걱정스럽게 물었다면, 지금은 마스크를 쓰지 않으면 이상 한 사람이 된다. 그리고 이러한 변화, 뉴노멀이 계속 이어질 것이고 지속적으로 변화가 확대될 것이라고 말한다. 코로나19가 뉴노멀 시 대로 개인의 일상을 바꾸었듯이 가정도, 사회도, 학교도, 교회도, 그 리고 신앙생활도 바꾸고 있다.

그렇다면 무엇이 코로나 이전의 일상이고, 코로나 시대를 지나 포스트 코로나 시대의 일상은 어떻게 변하고 있는가? 변화해야 할 것과 변화해야만 하는 것, 변화하지 않아야 할 것은 무엇인가? 교회 와 신앙, 목회자와 목회자의 기능, 역할, 사역에서 변화해야 할 것과 변할 수 없고, 변하지 말아야 할 본질은 무엇인가? 이러한 질문들을 고려하면서 본 글은 포스트 코로나 시대를 맞으며 목회 돌봄에 대해 살펴보고자 한다.

II. 코로나19 이전과 코로나 시대의 변화의 핵심

1. 개인 일상의 변화

코로나19로 일상이 얼마나 달라졌는가를 이전의 일상을 100점 (100%), 일상이 완전히 위축이나 정지된 상황을 0점으로 보고 평가하게 한 결과 44점(44%)으로 점수를 매겼다. 그 중요한 변화에는 '일상생활에서 자유가 제한됐다'가 55%, '걷기 등 신체 활동이 줄었다'가 51%, '실제로 정서적으로 지치고 고갈됨을 느낀다'(39%), '실제로 우울감을 느낀다'(38%), '중요한 일정(결혼식, 시험, 취업)이 변경/취소됐다'가 32% 등으로 나타났다.[2] 그리고 팬데믹 현상이 계속될수록 지속적으로 이전 일상과 비교해서 점점 더 낮아지는 경향을 보인다.

코로나19로 인해 일상이 변화되었고, 코로나 이전에 비해 일상생활에서 자유의 제한을 받으면서 정서적 무기력과 우울감 등으로 고통을 호소하는 사람들이 늘어가고 있다. 그 변화의 중심에는 두 가지가 있는데 하나는 사회적 관계망이 차단되면서 개인이 홀로 지내는 물리적, 관계적 고립된 시간이 증가한다는 것이고, 또 하나는 집에 머물러 있는 시간이 길어지면서 집과 가족, 가사일 등에 대한 인식과 행동의 변화를 요구받고 있는 것이다.

코로나19가 2년째 접어들면서 일상 삶의 변화에 대해 국민의

---

2 지용근 편집책임, 2020 통계로 보는 한국 사회 그리고 한국교회 vol 2. 목회데이터연구소, 2021:55. 서울대 보건대학원 코로나 19 기획연구단, "코로나 19와 사회적 건강" (1차 조사, 전국 만 18세 이상 성인 남녀 2,000명, 2020, 08, 25. ~28.)

69%는 '고립된 시간이 늘었다'고 응답하였고, '경제적 부담이 늘었다'(58%), 그리고 '일과 가정에서 책임이 가중되었다'고 응답한 사람이 55%였다. 또한 고립이 늘고, 경제적 부담이 늘고, 역할 책임이 가중되어다는 질문에 모두 "그렇다"라고 응답한 사람들을 연령별로 분석해 보면, 20대(13%), 30대(13%), 40대(25%), 50대(42%), 60대(7%)로 한국경제와 가정과 교회에 중추 세력인 50대가 가장 큰 충격을 받고 있다고 해도 과언이 아니다.[3]

이러한 일상의 제한은 코로나19 초기인 2020년 상반기(1-6월)에 '정신건강 관련 정보 문의 및 심리 상담'이 15% 증가(2019년 상반기 443,553건과 비교할 때 511,503건)[4] 하였고, 코로나19 이후와 이전을 비교했을 때, 기독 청년들이 코로나19 이후에 약간 더 우울해지고, 분노/짜증/스트레스가 늘어나고, 고립감과 소외감이 커졌다고 응답했다. '개신교인 장년(40대 이상)'과 비교하면, 전체적으로 '기독 청년'이 '분노/짜증/스트레스'와 '고립감/소외감'에서 '나빠졌다'는 응답이 높아, '기독 청년' 가운데 부정적 감정이 '개신교인 장년(40대 이상)'보다 더 심하게 나타났다.[5] 특별히 20대 여성은 코로나19 우울증 진단에서 전년 대비 38%(남성 증가율 10%) 증가하여 타 연령층보다(전체적으로 6%

3　목회데이터연구소 주간리포트. http://mhdata.or.kr/mailing/Numbers88th_210319_B_Part. pdf / 서울대 보건대학원 코로나19 기획연구단, '코로나19와 사회적 건강 2차 조사', 2021.03. 08. (전국 만 18세 이상 성인남녀 1,084명, 온라인조사, 케이스텟리서치, 2021.02.08.~17.)

4　목회데이터연구소 주간리포트 Numbers 제 67호. 2020.10.16. http://mhdata.or.kr/mailing/ Numbers67th_201016_Full_Report.pdf / 박정 의원 국정감사(국민건강보험공단) 자료, '코로나 확진자 급증한 2월과 6월 우울증 환자도 급증', 2020.10.07.

5　목회데이터연구소. Numbers 제 84호. 2021.02.19. http://mhdata.or.kr/mailing/Numbers84 th_210219_Full_Report.pdf / 실천신학대학원대학교 21세기교회연구소 한국교회탐구센터 목회데이터연구소, '코로나 시대, 기독 청년들의 신앙 생활 탐구', 2020.01.27. (전국, 19~39세 기독 청년 700명, 온라인조사, 2020.12.30.~2021.01.05.). 예장합동교단, '코로나19 시대 한국교회 신생태계 조성 및 미래전략 수립을 위한 조사' 2021.01. (전국 40대 이상 개신교인 667명, 온라인조사, 2020.11.14.~11.23.)

증가) 압도적으로 높은 것으로 나타났다.[6]

코로나19로 가장 영향을 많이 받은 일상생활은 사회적 거리두기 등으로 대인관계(친구, 직장동료, 각종 모임 등), 만남이나 식사 등이 제한되어 고립된 시간이 늘어난 것이고, 또한 여가생활(국내외 여행, 운동)이나 문화생활(영화관, 공연)의 위축 등 공간의 제한(집에 머물러 있기)으로 인한 불안과 무기력감, 우울증 등 정서적 건강이 악화되고 있음을 알 수 있다. 또한 신체 활동 저하와 정서적 불안정은 코로나19가 장기화되면서 일상생활과 정신건강에 적신호가 켜지고 있음을 알 수 있다. 기독청년들의 고립감, 소외감, 분노 짜증 등 부정적 정서가 늘어나고 특별히 20대 기독교 여성들의 우울증이 증가하고 있다는 것은 우려할 만한 일이다. 이것은 청년들이 경험하고 있는 좌절감과 박탈감을 고려할 때 일반 남녀 청년들에게서도 비슷한 현상이 일어나고 있다고 유추할 수 있다.

2. 가정의 변화

퓨리서치가 14개 경제 선진국 국민들을 대상으로 코로나19가 종교와 가족관계 등에 미친 영향을 조사하였다(2020.06.10.-08.03). 코로나19가 가족의 결속력을 '강화시켰다'라는 항목에 스페인 42%, 이탈리아 미국, 영국 등 41%인데 반하여 한국과 일본은 18%로 나타났다.

---

6 목회데이터연구소 주간리포트 Numbers 제 67호. 2020.10.16. http://mhdata.or.kr/mailing/Numbers67th_201016_Full_Report.pdf / 박정 의원 국정감사(국민건강보험공단) 자료, '코로나 확진자 급증한 2월과 6월 우울증 환자도 급증', 2020.10.07.

그리고 한국은 '큰 변화가 없다'가 72%이고, 오히려 '약화되었다'는 비율이 10%로 거의 최대 수준(일본은 3%)이다.[7]

코로나19로 인해 가족이 더 많이 함께 있게 되었고, 감염이라든지 공동체 의식이 더 강해진 반면에 가족 갈등, 가정폭력도 증가하는 경향이 나타났다. 심지어는 코로나19를 뜻하는 '코비드'(Covid)와 '이혼'(Divorce)의 합성어 코로나 이혼(Covidivorce)이라는 신조어가 등장하였다. 실제로 통계청의 '2020년 12월 인구동향'을 보면 이혼 건수는 10만 6,512건으로 코로나가 없었던 2019년보다 4,319건 줄었다. 하지만 유독 20년 차 이상 부부의 이혼 건수(4만 1,340건)는 전년 대비 2,894건 늘어났고, 전체 이혼 건수 가운데 황혼이혼의 비율도 38.8%로 신기록을 세웠다.[8] 이것은 좀 더 분석이 필요하겠지만 부부가 함께 보내는 시간이 길어지면서 과거의 미해결 부부 문제가 재현되며 갈등이 깊어지며 이혼이 늘어났다고 볼 수도 있다.

반면에 한 연구에 의하면 코로나19 이후 배우자와 관계가 '더 좋아졌다'(19%)가 '더 나빠졌다'(7%) 보다 높아 긍정 변화가 부정 변화 보다 3배 가까이 더 높은 것으로 나타났고, 초등생 자녀와의 관계도 '더 좋아졌다'가 19%로 '더 나빠졌다' 13% 보다 긍정 변화가 더 높은 것으로 나타났다.[9] 일반적으로 관계의 질은 함께 있는 시간의 양이 늘

---

7 목회데이터연구소 주간리포트 Numbers 제 91호. 2021. 04. 16. http://mhdata.or.kr/mailing/Numbers91st_210416_Full_Report.pdf / PEW RESEARCH CENTER, 'More Americans Than People in Other Advanced Economies Say COVID-19 Has Strengthened Religious Faith' 2021. 01. 27. (경제 선진국 14개국, 18세 이상 성인 14,276명, 전화 조사, 2020. 6. 10. ~08. 03.)

8 https://content.v.daum.net/v/6041d1c5cefd9a26edef20b8

9 목회데이터연구소 Numbers 85호. 2021. 02. 26. http://mhdata.or.kr/mailing/Numbers85th_210226_Full_Report.pdf / 한국가정학회, '코로나19 확산에 따른 가족생활 및 가족관계의 변화와 스트레스'(진미정, 성미애, 손서희, 유재언, 이재림, 장영은), 2020. 06. 13. (전국 만20세 이상 기혼자, 627명, 온라인 조사, 2020. 05. 19. ~25.)

어날수록 더 좋아지지만, 함께하는 시간의 양이 계속 늘어나다 보면 어느 시점부터는 오히려 관계가 나빠지는 경향이 있다. 왜냐하면 함께 있는 시간이 늘어나면 서로에 대한 간섭이나 행동 변화에 대한 요구 등 갈등 요소가 증가하기 때문이다. 일례가 남편이 은퇴한 이후에 부부가 함께 하는 시간이 늘어나면서 아내는 그동안 독립적으로 사회관계망을 만들어 온 반면에 남편은 이제 아내와 함께 더 시간을 보내려고 하면서 갈등을 겪고, 이러한 일들이 황혼이혼과 무관하지 않음을 알 수 있다.

또한 코로나19로 인해서 새로운 트렌드는 소위 '집콕' 현상이다. 집에 있는 시간이 늘어나면서(82%) 집에 틀어박혀있는 사람들, 일명 집돌이와 집순이에 대한 이미지가 부정적 사람 10%에서 긍정적인 사람 36%로 변화해 가고 있다.[10] 호모 루덴스(Homo Ludens: 놀이하는 인간)에서 파생된 신조어인 '홈루덴스'(Home Ludens), 즉 밖에서 활동하지 않고 주로 집에서 놀고 즐길 줄 아는 사람을 뜻하는데 이에 해당하는 국민은 약 65%로 젊은 층일수록 그 비율이 높았다. 또한 집에서 가장 많이 하는 활동은 TV 보기 71%, 영화 42%, 커피 39%, 음악 38%, 게임 33% 등 가족이 함께 활동하기보다는 개인적이며 자기만의 행동에 머물고 있다. 한편으로는 재택근무, 학업, 운동 등 집 밖에서 하던 활동이 집안으로 들어오고 이에 따라 집의 활용도도 바뀌고 있다.[11] 이제 집은 단순히 먹고 자는 곳만이 아닌 최고의 휴식 공간

10 목회데이터연구소 Numbers 85호. 2021.02.26. http://mhdata.or.kr/mailing/Numbers85th_210226_Full_Report.pdf / 두잇서베이, '혹시 집돌이/집순이신가요?'(https://doooit.tistory.com/685), 2020.01. (전국 만 14세 이상 남녀 4,510명, 온라인/모바일조사, 2020.10.06.~14.)
11 목회데이터연구소 Numbers 85호. 2021.02.26. http://mhdata.or.kr/mailing/Numbers85th_210226_Full_Report.pdf / 트렌드모니터, '홈루덴스 및 홈인테리어 니즈 관련 조사', 2020.07.03. (전국 만 15~59세 남녀 1,000명 온라인 조사, 2020.5.26.~30.).

(94%)이며 집에 있을 때 편안한 쉼을 느끼며(73%), 자신만을 위한 행복의 공간(90%)이 되기를 원한다.[12] 이에 따라 홈 인테리어에 관심을 갖는 집들이 늘어나고 가정용 고급 커피 용품, 와이너리 등 쉼과 일을 병행하는데 필요한 제품들의 판매가 늘어나고 있다.

빅데이터 분석을 통해서 코로나19와 가족생활을 살펴본 결과, 중심어들을 정리한 내용은 다음과 같다.[13]

번호	범주명	토픽 번호(토픽명)
1	코로나19라는 질병과 가족	토픽 1(코로나19 예방) 토픽 2(코로나 확진과 가족) 토픽 3(가족감염) 토픽 4(가족건강)
2	코로나19로 인한 가족생활 변화	토픽 5(일상생활) 토픽 6(식생활) 토픽 7(식생활 변화) 토픽 8(종교생활) 토픽 9(집콕생활) 토픽 10(개학연기) 토픽 11(가족행사) 토픽 12(여행, 휴가)
3	코로나19 관련 심리적 이슈	토픽 13(가족, 친구 걱정) 토픽 14(코로나19와 불안) 토픽 15(코로나19와 스트레스)
4	코로나19의 타격과 피해	토픽 16(코로나19 시기 대란) 토픽 17(코로나19의 피해)
5	코로나19 대응 정책	토픽 18(긴급재난문자) 토픽 19(가족지원정책)
6	코로나19 지역확산 및 기타	토픽 20(코로나19와 신천지) 토픽 21(코로나19와 대구) 토픽 22(기타)

표 3. 코로나19와 가족생활 토픽 범주화

코로나19로 인한 가족생활의 변화를 주제별로 범주화하면 일상생활, 식생활, 종교생활, 집콕생활, 개학연기, 가족행사, 여행 및 휴가 등으로 어떤 변화가 일어나고 있는지 그 트렌드를 알 수 있다. 집

과 가족을 중심으로 신앙생활, 학교공부, 일상생활, 식생활 등의 변
화가 일어나고 있고, 동시에 불안과 스트레스, 걱정 등의 심리적 이
슈들이 주요 주제로 등장하였다. 이러한 때가 가족 구성원의 지지와
협력이 가장 필요한 시점이다. 가장 오래 다닌, 생애 주된 직장을 퇴
직한 직후의 남성(평균 49세)에게는 극심한 퇴직 후유증이 찾아오는데
이를 극복한 남성들에게 극복하게 된 계기를 묻는 질문에 50대 초반
연령(50~54세) 남성의 47%는 1위로 가족의 '위로/격려/응원'이라고
응답하였다.[14] 가족의 위로와 격려, 응원이 퇴직 후유증뿐 아니라 코
로나19로 인한 두려움과 불안, 고독감을 극복하는데 매우 중요한 요
소임을 알 수 있다.

미래학자인 엘빈 토플러(Elvin Toffler, 미래의 충격, 1970)는 오래전에
가족이란 사회의 '거대 충격 완충(흡수) 장치'(giant shock absorber)라고
하였다. 세상과의 치열한 전투에서 매 맞아 멍들고 상처 입은 개인이
돌아오는 곳, 점점 더 유동성으로 가득 찬 환경에서 유일하게 안정된
장소가 가정이라고 주장한다. 반세기가 지난 지금도 사람들은 그런
가정을 꿈꾼다. 그런데 가정마저 더 이상 안전한 곳이 아니다. 오히
려 가정에서 멍들고 상처 입고 다투고 끔찍한 일이 일어난다. 그렇다

---

12   목회데이터연구소 Numbers 85호. 2021.02.26. http://mhdata.or.kr/mailing/Numbers85th_
210226_Full_Report.pdf / 트렌드모니터, '홈루덴스 및 홈인테리어 니즈 관련 조사', 2020.7.3.
(전국 만 15~59세 남녀 1,000명 온라인 조사, 2020.05.26.~30.). 트렌드모니터, '코로나19로 인
한 생활 패턴 변화 및 포스트 코로나 시대 전망', 2020.06.12. (전국 만 15~59세 남녀, 1,000명,
온라인 조사, 2020.04.24.~28.).

13   박선영, 이재림, 텍스톰 활용논문 32: 소셜 빅데이터로 알아본 코로나19와 가족생활: 토픽모델
접근. 2021.5.17. https://blog.naver.com/textom/222354715648

14   목회데이터연구소 Numbers 48호. 2020.05.22. http://mhdata.or.kr/mailing/Numbers48th_
200522_Full_Report.pdf / 하나금융그룹/100년행복연구센터, "대한민국 퇴직자들이 사는 법"
2020.05. (서울/수도권 및 5대 광역시, 생애 주된 직장 퇴직 후 국민연금 수급 이전인 50대 이상
퇴직자, 1000명, 온라인 조사, 2019.11.~12.)

면 상처받은 영혼은 어디에서 회복할 수 있을까? 가정은 상처 입은 가족원들의 충격을 흡수하고 완충하는 역할에서 한 걸음 더 나아가 재충전하여 다시 세상과 맞설 수 있도록 도와주고 함께하는 응원군의 역할을 다시 발견하고 회복해야 한다.

코로나19가 일상을 바꾸었지만 가정에 미친 순기능도 있다. 가정의 소중함에 대한 인식과 가족 결속력이 강화되는 계기를 마련해 주었다. 가족이 함께하는 시간이 길어지면서 가사일 분담 등 가족역할에 대한 조정과 가족 대화의 시간이 길어졌다. 또한 가족 간에 신앙에 관한 대화와 온라인 예배 함께 참여(정기적인 가정예배) 시간도 늘어났다. 가족이 위기를 겪으며 가족의 응원과 지원, 격려가 코로나19로 인한 우울, 불안 등 정서적 건강과 퇴직과 이직 등의 사회 직업생활에서 겪는 경제적 압박 등을 극복하는데 커다란 버팀목이 된다는 것도 알 수 있다. 반면에 코로나19 이전부터 가족 갈등이나 가족 문제를 겪고 있던 가정은 함께하는 시간이 길어지며 오히려 가정폭력이나 가족갈등이 증가하기도 하고, 이혼율도 높아지는 경향이 있다.

3. 신앙생활과 종교의 변화

퓨리서치가 14개 경제 선진국 국민들을 대상으로 코로나19가 종교와 가족관계 등에 미친 영향을 조사하였다(2020.06.10.-08.03). 그 결과 14개국 모두 종교적 신앙이 '강해졌다'가 '약해졌다' 보다 높게 나타났다. 코로나19로 인해 '자신의 종교적 믿음이 더 강해졌다'는 응답에 '미국'이 28%로 가장 높았고, '스페인' 16%, '이탈리아' 15% 등의 순이었다(14개국 평균 중앙값은 10%). 반면에 한국은 종교적 믿음이 '강해졌다' 10%, '약해졌다' 9%로 14개국 중 '약해졌다'는 비율이 가 장 높은 특징을 보였다.[15] 조사 기간인 2020년 상반기에 코로나19 확 산으로 더 큰 피해를 본 미국, 스페인, 이탈리아 국민의 종교성이 강 해진 반면에 확진자 수가 상대적으로 훨씬 적었던 한국은 오히려 믿 음이 약해졌다가 더 높은 것은 눈여겨볼 대목이다.

한편 코로나19로 인해 아예 예배를 드리지 않는 교인들이 13%에 서 18%로 증가하였고, 분석 결과 40대 이하, 직분 없는 성도, 신앙이 낮은 기독교 입문층(새신자)에서 증가한 것으로 나타났다. 또한 교회 출석자 중에 코로나19 종식 후 '예전처럼 동일하게 교회에서 출석하 여 예배드릴 것 같다'가 3개월 사이에 85%에서 76%로 줄어들었고, '필요한 경우 온라인/방송 예배를 드릴 것 같다'가 13%에서 17%로, 아예 '교회를 안 나가게 될 것 같다'는 응답은 2%에서 6%로 3배 정도 늘어났다. 그뿐만 아니라 교회 출석자에게 코로나19 상황에서 신앙 생활과 관련하여 가장 어려운 점이 무엇인지 질문한 결과, '성도 간 의 교제'가 30%로 가장 높았다. 그다음으로 '예배에 집중하는 것' 19%, '교회에 자주 못 가는 것' 19%, '개인의 신앙생활' 17% 등의 순 으로 나타났는데 무엇보다 교회 성도 간 교제(코이노니아) 부족이 가장 큰 어려움으로 보인다.[16] 비대면, 온라인/영상 예배가 확산되면서 당 연시 되었던 주일 성수나 대면 예배에 대한 변화가 일어나기 시작했

15 목회데이터연구소 주간리포트 Numbers 제 91호. 2021.04.16. http://mhdata.or.kr/mailing/ Numbers91st_210416_Full_Report.pdf / PEW RESEARCH CENTER, 'More Americans Than People in Other Advanced Economies Say COVID-19 Has Strengthened Religious Faith' 2021.01.27. (경제 선진국 14개국, 18세 이상 성인 14,276명, 전화 조사, 2020.06.10.~08.03.)

고, 팬데믹 현상이 장기화되면서 신앙생활과 교회생활에 있어서 성도 간의 교제와 친목의 부재로 어려움을 경험하고 있다.

코로나19를 겪으면서 '기독 청년'의 신앙 수준 변화를 살펴보면, 코로나 이전보다 '약해진 것 같다'는 응답(34%)이 '깊어진 것 같다'는 응답(11%)보다 3배가량 높게 나타났다. '개신교 장년(40대 이상)'과 신앙 수준 변화를 비교해 보면, '장년'은 '신앙이 약해졌다'는 응답이 25%, '청년'은 34%인 반면, '신앙이 깊어졌다'는 응답은 '장년' 21%, '기독 청년' 11%로, 전반적으로 '장년' 대비 '기독 청년'의 신앙의 질적 하락이 더 심한 것으로 나타났다. 또한 기독 청년 가운데 10년 후에도 '기독교 신앙도 유지하고 교회도 잘 나갈 것 같다'고 응답한 비율은 53%에 불과하고, 40%는 '기독교 신앙은 유지하지만 교회는 잘 안 나갈 것 같다'고 응답했다. '아예 기독교 신앙을 버릴 것'이라고 예상하는 비율도 7%나 되었고, '교회 출석 청년' 기준으로는 10년 후 '기독교 신앙은 유지하지만 교회에 나가지 않을 것'이라는 응답과 '아예 기독교 신앙을 버릴 것 같다'는 청년이 36%나 되었다.[17] 더욱 슬픈 통계는 성경적 삶의 현실성 인식인데 기독 청년들의 40%는 "성경 말씀을 지키며 살면 이 사회에서 성공할 수 없다", 62%는 "성경 말씀을 지키

16   목회데이터연구소 주간리포트 Numbers 제 69호. 2020.10.30. http://mhdata.or.kr/mailing/Numbers69th_201030_Full_Report.pdf / 한국기독교목회자협의회/한국기독교언론포럼, '코로나19로 인한 한국교회 영향도 조사', 2020.4.14. (전국 개신교인 만 19세 이상 1,000명, 온라인 조사, 2020.04.02.~04.06.), 자료출처: 한국기독교사회문제연구원, '한국사회 주요 현안에 대한 개신교인 인식조사', 2020.10.14. (전국 개신교인 만 19세 이상 1,000명, 온라인 조사, 2020.07.21.~29.)

17   목회데이터연구소. Numbers 제 84호. 2021.02.19. http://mhdata.or.kr/mailing/Numbers 84th_210219_Full_Report.pdf / 실천신학대학원대학교 21세기교회연구소 한국교회탐구센터 목회데이터연구소, '코로나 시대, 기독 청년들의 신앙 생활 탐구', 2020.01.27. (전국, 19~39세 기독 청년 700명, 온라인조사, 2020.12.30.~2021.01.05.). 예장합동교단, '코로나19 시대 한국교회 신생태계 조성 및 미래전략 수립을 위한 조사' 2021.01. (전국 40대 이상 개신교인 667명, 온라인조사, 2020.11.14.~11.23.)

며 사는 사람은 내 주위에 별로 없다"라고 답을 했다.[18]

지금까지 코로나19가 2년째 지속되면서 개인의 일상생활, 가정의 변화, 신앙생활과 교회생활의 변화에 대하여 살펴보았다. 코로나19가 종식되더라도 이전으로 돌아갈 수 없을 뿐 아니라 코로나19와 함께 위드 코로나(with 코로나)의 시대에 접어들면서 개인과 가족, 신앙생활의 변화를 요약하면 다음과 같다.

1. 개인은 코로나 확산세와 스트레스로 인해 정신질환 등이 10% 이상 증가하였고 심리적 방역이 더 중요하게 되었다.

2. 가족이 더 많이 함께 있게 되었고, 공동체 의식과 가족 간의 대화 시간, 온라인상에서의 가정 예배 등 순기능적인 변화도 있지만, 집에 함께 있어도 고립되어 있는 가족의 심리적 거리는 더 멀어질 수 있음과 미해결된 가족갈등이 증폭될 수 있음을 경고한다.(Covidivorce, 가족학대, 황혼이혼).

3. 가족이 함께 있고, 혼자 집콕을 하면서 역할의 변화가 일어났고(남성들의 요리 공부, 가사일의 분담), 집에 대한 인식이 주거공간에서 자유와 일터와 행복과 문화의 공간으로 변하고 있다.

4. 정규적인 예배생활과 신앙생활이 비대면 영상 예배 등으로 전환되면서 신앙 성장에 부정적 영향을 미치기도 하고, 교회생활에서 교제와 봉사의 기능이 약화되면서 신앙 자체를 떠나거나 새로운 형

---

18 목회데이터연구소. Numbers 제 83호. 2021.02.05. http://mhdata.or.kr/mailing/Numbers83rd_210205_Full_Report.pdf / 실천신학대학원대학교 21세기교회연구소 한국교회탐구센터 목회데이터연구소, '코로나 시대, 기독 청년들의 신앙 생활 탐구', 2020.01.27. (전국, 19~39세 기독청년 700명, 온라인조사, 2020.12.30.~2021.01.05.)

태의 신앙생활로 전환되어가고 있는 과정이다.

4. 포스트 코로나 시대와 목회 현장: 비대면과 언택트

한 번도 경험해 보지 못한 세상이라는 말이 회자되더니 이제는 한번 경험으로 충분한, 다시는 경험하고 싶지 않은 세상이 되었으면 좋겠다고 한다. 그런데 백신 접종이 늘어가지만 동시에 변이 또는 변종 코로나가 계속 등장하여 코로나 탈출이 쉽지 않은 과제임을 보여 준다. 이에 따라 포스트 코로나는 위드 코로나의 연속선상에서 살펴 보아야 한다. 포스트 코로나 시대의 특징을 정리하면 두 가지가 있는 데 하나는 대면에서 비대면, 탈대면으로 변화하는 것이고, 또 하나는 이에 따른 언택트 현상이다.

교회는 외부의 핍박을 피해 카타콤에서도 대면 모임을 해왔던 것을 상기한다면, 보이지 않는 전염병과 감염 위험의 공포와 맞서며 정부의 방역지침에 따른 공적 기관으로서의 교회의 역할에 충실하다 보니 빠르게 비대면으로 전환하였으나 위에서 살펴본 대로 그 후유 증은 코로나19 이전으로의 복귀가 불가능함을 시사한다.

대형교회를 중심으로 실시간 예배와 설교 업로드로 영상 조회 수가 증가하고 있지만, 성도들이 자신이 속한 교회에 실시간 접속하여 예배 전체에 적극적으로 참여하는 것은 점점 약화되고 있다. 게다가 설교 영상 노마드족들이 늘어나서 본 교회 담임목사의 설교 보다, 이곳저곳을 배회하며 설교만 듣는 귀성도(ear christian)들이 늘어가고 있다. 비대면의 장점인 장소와 시간의 제한을 뛰어넘어 예배에 참여할 수 있기에 노약자, 환자, 주일 근무자 등에게 대안적 예배일 수 있지만, 실제 몸으로 함께하거나 쌍방향 소통을 할 수 없는 비대면 예배에는 한계가 있다. 문제는 성도들은 비대면 예배를 더 선호한다는 점이다. 주일과 예배당 중심의 신앙에서 일상과 집/가정 중심으로 신앙의 축이 이동하는 것은 분명하지만 아직 목회적 대안을 찾고 있는 시점에서 시행착오를 경험할 수밖에 없다.

한국 사회 전반에 기독교에 대한 반감과 비판이 거세지고, 교회 신뢰도는 추락하고, 2004년 종교인 비율이 54%였으나 2021년 무종교인이 60%에 달해 한국 사회에 탈종교화가 심화되고 있는 실정이다. 비록 개신교가 최다 종교가 되었지만(2021년 만 19세 이상 개신교 17%, 불교 16%, 천주교 6%) 2004년과 비교하면 2021년에 불교는 9%, 개신교는 4%, 천주교는 1%로 감소한 것으로 나타났다.[19] 포스트 코로나 시대를 맞으면서 목회 현장은 점점 더 성도들이 신앙생활하기도 어려워지고, 전도와 선교는 점점 더 문이 닫혀가는 형국이다.

III. 그렇다면 포스트 코로나 시대에 목회돌봄은?

포스트 코로나 시대에 목회의 본질은 무엇이며, 변화해야 할 것

---

19 한국갤럽, '갤럽리포트:한국인의 종교 1984~2021', 2021. 5. 18.~20. (제주 제외, 전국 만 19세 이상 1500명, 면접조사, 2021. 03. 18.~04. 07.)

은 무엇이고 변화하지 않아야 할 것은 무엇일까? 언택트 시대에 대한 전망 조사에서 일반 국민(66%)보다는 낮지만 기독교인(개신교+천주교)의 54%가 온라인 예배가 사회 발전을 위해 긍정적인 변화라 인식하고 있고, 비대면 물건 구입, 온라인 동영상 플랫폼 이용은 과거로 돌아가지 않고 포스트 코로나 시대에도 계속될 것으로 보았다.[20] 물론 온라인 예배는 대면 예배로 전환될 것으로 보이지만 이전으로 예배가 회복될 수 있을지는 미지수이다. 오히려 비대면 영상 예배에 더 익숙해져서 목회자들 중에는 코로나19가 종식되어도 2-30%의 교인 감소를 예측하고 있다.

1. 목회와 목회돌봄

목회는 하나님께서 맡겨주신 하나님의 양 무리를 돌보는 일이다. 베드로 사도는 "너희 중에 있는 하나님의 양 무리를 치되 억지로 하지 말고 하나님의 뜻을 따라 자원함으로 하며 더러운 이득을 위하여 하지 말고 기꺼이 하며 맡은 자들에게 주장하는 자세를 하지 말고 양의 무리의 본이 되라"(벧전5:2-3)고 말씀한다. 하나님의 양 무리를 맡아서 돌보는 목회자는 자원하는 마음으로 섬겨야 하고, 더러운 사익을 추구하지 않고, 기꺼이 삶의 모본을 보여야 한다고 가르친다. 그러한 목회자의 섬김은 목회의 본질인 치유(Healing), 지탱(Sustaining),

---

20   목회데이터연구소. Numbers 제 48호. 2021.05.22. http://www.mhdata.or.kr/bbs/board.php?
bo_table=koreadata&wr_id=99&page=3 / 한국리서치 여론 속의 여론, '코로나19 6차 인식조사'
2020.05.06. (전국, 18세 이상 남녀, 1,000명, 온라인 조사, 2020.04.24.~27.)

인도(Guiding), 화해(Reconciliation)(Clebsch& Jackle, Pastoral care in his-torical perspective, 1964)를 실천하도록 이끈다.

본래 돌봄(care)의 사전적 정의는 "건강 여부를 막론하고 건강한 생활을 유지하거나 증진하고, 건강의 회복을 돕는 행위"이다. 따라서 목회 돌봄은 목회적 차원(신앙생활–일상생활과 교회생활)에서 하나님의 기준(말씀)에 따라 영적, 관계적, 정서적, 행동적 일상을 건강하게 지탱하고, 회복과 치유, 화해를 이루도록 돕는 행위이다. 목회 돌봄의 핵심은 만남과 접촉을 통해서 이루어진다. 하나님과의 만남뿐 아니라 목회자, 성도와의 만남, 예배와 영적 체험의 공동체와 소그룹을 통한 친교와 교제(코이노니아)가 이루어진다.

그런데 포스트 코로나는 비대면 신앙생활과 언택트가 지속될 전망이다. 언택트는 접촉을 뜻하는 컨택트(contact)라는 말과 부정을 뜻하는 'un'을 결합해서 만든 비대면 접촉을 뜻하는 신조어이다(다음 백과). 특별히 코로나19의 방역을 위한 사회적 거리두기가 일상화된 상황에서 사람을 직접 만나지 않고 물품을 구매하거나 서비스 따위를 받는 일을 일컫는 말이다. 그렇다면 목회는 주님의 몸 된 교회(예수님을 주로 고백하는 사람들의 모임)를 세워가는 일인데 예배(레이쿠르기아, 하나님을 예배), 선교(세상/믿음이 없는 이들을 위한 케리그마, 즉 구원의 선포), 교육(성도를 온전하게 세워가는 디다케), 봉사(세계와 이웃을 섬기는 디아코니아), 그리고 친교(코이노니아, 성도 간의 교제) 등 교회의 5가지 기능은 비대면 및 언택트 상황에서 어떻게 지속되고 있는가?

교회의 기능 (비대면/언텍트/실시간)	일상생활	가정생활	신앙생활 (공동체/소그룹)
예배 (레이쿠르기아)	개인 가능	가족 가능	소그룹 어려움 공동체 (거의 불가능)
선교 (케리그마)	개인 가능 (일방적 방문/선포)	가족 가능 (일방적 방문/선포)	소그룹, 공동체 쌍방적 어려움
교육 (디다케)	개인 가능	가족 가능	소그룹/공동체 가능 (비대면세미나, 훈련)
봉사 (디아코니아)	개인 가능	가족 가능	공동체/소그룹 어려움 교회 차원 어려움
친교 (코이노니아)	어려움	가족 가능	기도 제목 나눔 가능 친밀한 교제 어려움

* 교회의 기능은 대부분 만남과 접촉, 모임, 소그룹 공동체를 통해 활성화
되는데 포스트 코로나 시대에는 교회가 기능하기가 어려워짐

위의 표에서 살펴보듯이 교회가 기능하도록 섬기는 목회는 비대
면 언텍트 상황에서 점점 어려워지고 단기적인 대응과 처방전을 통
해 겨우 현상 유지를 목표로 하며 벅찬 영적 전쟁을 치르고 있다. 비
그리스도인을 교회로 인도할 수 있는 전도나 맞춤 전도가 어렵고, 설
령 교회와 연결이 되어도 새가족 정착 시스템을 운용하기가 쉽지가
않다. 또한 기존 성도를 위한 양육 시스템도 중직자나 직분자들 외에
는 참여도가 높지 않다. 그렇다면 새로운 차원의 목회와 목회 돌봄이
필요하다. 사실 목회라 하면 교회적 차원에서 전교인을 대상으로 하
는 목양의 관점이라면 목회 돌봄은 좀 더 개인적이고 소그룹을 위한
필요 중심적인 관점을 견지한다고 볼 수 있다.

목회적 차원에서 예배, 설교, 행정, 교육 등이 진행된다면, 목회
돌봄 차원에서 개별심방, 말씀과 기도 나눔, 문제해결을 돕는 섬김과

봉사 등을 포함한다. 목회 돌봄은 전통적 의미에서의 모성적 목회로 품고 안고 위로하고 돌보고 함께하는 돌봄의 사역이라 할 수 있다.

위드 코로나에서 포스트 코로나의 길목에서 사람들은 사회적 거리두기로 인해 사회적 관계망이 차단되거나 위축되면서 홀로 지내는 시간이 늘어났고 우울, 불안, 분노, 중독 등 다양한 형태의 심리적 어려움을 호소하고 있다. 코로나19에 따른 심리적 방역이 필요한 시점이고 이것은 목회자가 위드 코로나 시대에도 가능한 개별적 만남과 대화를 통해서 도울 수 있는 영역이다.

대표적 돌봄 사역의 하나인 스데반 돌봄 사역은 상담과는 구별된다고 주장하면서, 기본적인 돌봄자의 태도는 고통받는 교인을 방문하여 그 곁에 있어주기(be there), 주의 깊은 경청(listen well) 그리고 비밀 유지(keep confidentiality) 세 가지를 강조한다. 지금이야말로 준비된 사역자들, 평신도 사역자들을 비대면, 대면으로 훈련하여, 교인 중에 다양한 문제로 고통을 받고, 홀로 있어 도움을 받을 수 없는 사람들을 돌보도록 할 수 있고, 해야만 하는 기회이다.

코로나19 2년째를 맞으며 사람들은 이전보다 주변(이웃이나 지역)에 대해 신뢰도에 있어서 '더 신뢰하게 되었다'(7%) 보다 '더 불신하게 되었다'(35%)가 5배 이상 높았다.[21] 이웃이나 낯선 사람에 대한 불신과 불안은 더욱 고립하게 만드는 악순환으로 이어지며 사람들은 언택트, 탈대면의 생활에 익숙해져 간다. 문제는 대면에서 비대면, 탈대면으로 갈수록 다른 사람들의 평가와 연계하여 물품 구입이나 정

21　목회데이터 연구소, 서울대 보건대학원 유명순교수팀, '코로나19 11차 국민인식조사', 2021. 01. 14. (전국 만 18세 이상 성인 남녀 1,094명, 온라인조사, 2021. 01. 08.~10.) http://mhdata.or.kr/mailing/Numbers80th_210115_B_Part.pdf51

보를 얻고 실행해야 하기 때문에 다른 사람들과의 신뢰할 만한 연계성이 더 필요할 수밖에 없다. 따라서 신앙생활이나 의사결정, 정보 공유나 교제에서 신뢰할 만한 멘토, 친구, 코치, 리더의 역할이 더 중요한 때이기도 하다. 이 일을 잘 감당할 수 있는 사람들이 목회자이고, 교회 리더들이다. 이사야를 통해서 하나님은 "너희는 위로하라. 내 백성을 위로 하라"(사 40:1)고 말씀하신다. 목회 돌봄은 하나님의 백성을 돌보고 위로하는 사역이다.

미국 갤럽 조사에 의하면 미국인 중 '정기적으로 예배에 참석하는 사람'의 46%가 정신 건강이 '우수하다'고 응답한 모든 집단 중에 유일하게 증가한 것으로 나타났다. 자신의 건강이 우수하다고 답한 응답자 중 2019년에는 '예배에 거의 출석하지 않는 자'와 '매주 출석하는 자'와의 비율이 큰 차이가 없었는데, 2020년은 '매주 예배 참석자'는 4% 증가한 반면, '거의 참석하지 않는 자'는 무려 13% 하락해 두 그룹 간 17%나 차이가 났다.[22] 코로나19 중에 예배에 출석하는 정도가 정신 건강에 큰 영향을 미치고 있음을 보여준다. 예배에 정규적으로 참여하는 것만으로도 정신건강에 도움을 받는다면, 목회적 돌봄이 병행될 때 교인들은 훨씬 더 건강성을 유지할 수 있을 것임을 알 수 있다. 또한 우리나라에서도 비록 부모들의 응답이기는 하지만 주일 예배드리는 자녀는 그렇지 않은 자녀보다 일상/신앙생활 모두 긍정적 지표가 높게 나타났다.[23] 뿐만 아니라 자녀들과 함께 하는 시

22 목회데이터 연구소. 미국갤럽, 'Americans' Mental Health Ratings Sink to New Low', 2020.12. 07. (미국 50주와 워싱턴 DC, 성인 18세 이상 1,018명, 2020.11.05.~19.)

23 목회데이터연구소. Numbers 제 96호. 2021.05.21. http://mhdata.or.kr/mailing/Numbers 96th_210521_Full_Report.pdf / 한국IFCJ가정의힘, '가정신앙 및 자녀 신앙 교육에 관한 조사', 2021.05.06. (전국 5세~고등학생 자녀를 둔 교회 출석 개신교인, 1,500명, 온라인조사, 지앤컴 리서치, 2021.04.05.~04.19.)

간들이 늘어나면서 기독교인 부모들은 "자녀 신앙교육 방법을 배우고 싶다"가 82%로 나타나[24] 부모교육에 대한 열망이 있음을 보여준다. 소그룹 단위로의 부모 교육이나 부부 중심의 생애 주기별 부모 교육 등이 가능하다고 보인다.

2. 포스트 코로나에 가능한 목회 돌봄의 예들

성도 개개인의 관계망을 확인하고 새로운 목회 패러다임을 탄력적으로 적용할 수 있어야 한다. 지난 1년여 동안 일어났던 목회적 돌봄의 예들을 소개하면 다음과 같다.

① 10여 년 만에 남미에 있는 지인으로부터 자녀 문제에 대한 상담 요청이 와서 줌을 통해 상담 및 심리검사를 진행하고 6차례 이상을 대화하며 기도할 수 있었다. 코로나19의 시기가 아니었다면 줌으로 대화하고 상담한다는 것은 상상할 수 없는 일이다.

② 전화번호도 모르는 오래된 제자로부터 위급한 부부 문제에 대한 문자를 받고 이혼 통보를 하러 가는 시점에서 통화가 되어 대화를 하고 문자로 후속 작업을 하여 도움을 줄 수 있었다.

③ 코로나19로 결혼을 미루다가 결혼을 하게 된 3커플을 커플 심리검사와 함께 5번 이상 개별 커플 면담을 하고 주례를 하여 새 가정의 시작을 도울 수 있었다.

④ 학교 주변에서 사업체를 운영하며 만났던 한 청년이 동업자와

의 갈등으로 고민하며 상담 요청을 의뢰해 와서 3차례에 걸쳐 개별 만남을 통해 위로하고 격려하고 기도하며 다시 일을 시작하도록 도울 수 있었다.

⑤ 학교 벤치에 정기적으로 나가 앉아 있으면 찾아와 말을 거는 학생들, 육아하다가 10여 년 만에 사역에 나가는 제자의 두려움에 관한 이야기, 매번 지나갈 때마다 자기는 누구라며 마스크를 썼음에도 알아주기를 기대하는 학부생들, 교회 사역에 지친 나머지 남편이 무작정 사임을 하고 교회 사택을 나와 미래를 걱정하는 사모, 십 대 자녀 문제로 함께 이야기 하고픈 후배 교수, 자기의 상황에 대해 물어주고 들어주었다는 이유만으로 평생 그 은혜를 잊지 않겠다는 후배목사, 오늘은 피곤해 보인다면 오히려 위로의 말을 건네고 가는 학생들, 처음 학교 캠퍼스에 왔다며 감격하면서 사진 찍자는 신대원 입학생들, 얘기하고 싶어서 기다렸는데 오늘은 나오지 않았다며 벤치에 포스트잇을 붙여놓고 간 학생, 북카페에서 다가와 영상수업을 듣고 있다며 기념사진을 찍었던 3명의 남학생들 … 마스크 하고, 거리두기하고, 충분히 이야기도 나누고, 기도도 하고, 포스트 코로나는 예수님의 심정으로 한 영혼을 귀하게 여기는 목회적 돌봄을 제공할 수 있는 무르익은 환경임에 틀림없다.

아무리 비대면, 언택트, 영상으로 일상이 전환되더라도, 영상으로 식사할 수 없고, 운동경기 시청만으로 운동과 땀을 대신할 수 없고, 접촉과 만남 없이 관계가 이루어질 수 없기에 목회적 돌봄이 더욱 절실한 시기이기도 하다. 대중적인 훌륭한 설교와 인공지능(알고리즘)을 이용한 여러 설교와 예배는 유튜브에 널려있지만, 정말 자신과 개인적 접촉을 하며 주님의 심정으로 만남과 신뢰를 쌓을 수 있는 관계, 아플 때 찾아와 약은 먹었냐고, 병원은 다녀왔냐고 물어볼 수 있고, 힘든 이야기를 말하고 들어줄 수 있는, 신뢰할 만한 위치에 있는 사람은 목회자이다.

집에 있는 시간에 드라마, 영화감상 등을 많이 하는데 이제는 공중파 TV 보다는 유튜브, 넷플릭스, 케이블방송, IPTV, 티빙 등 OTT(Over The Top, 인터넷을 통해 볼 수 있는 TV 서비스로 방송 프로그램, 영화 등 미디어 콘텐츠를 제공하는 서비스) 구독 시장이 확장되고 있다. 아무리 많은 정보와 볼거리가 있더라도 자신이 원하는 것을 직접 구입하고 구독하며 필요한 서비스를 찾는 시대이다. 마찬가지로 성도들도 자신에게 필요한 것을 제공해 주는 교회와 예배 영상과 신앙 콘텐츠(contents)를 찾기 때문에 개별 접촉을 통한 신앙적 대안과 성장을 제공할 수 있어야 한다. 9천여 개가 넘는 우리 통합 소속 교회 중에 성도 50명 미만의 교회가 절반을 넘는다는 통계가 있다. 작은 교회일수록 장비와 인력의 부족으로 유튜브 실시간 영상 예배는 불가능할지 모르지만, 반면에 그 성도들을 돌보고 양육하고, 성숙하도록 이끌 수 있는 직접적 만남과 접촉에는 최적화된 교회 형태라고 볼 수 있다.

3. 목회돌봄은 위로와 환대[25]

위로라는 단어의 헬라어 원어 뜻은 '곁으로 부른다.'라고 한다.

25 홍인종, "사회적 (물리적, 예방적) 거리두기와 심리적 거리두기," 『성서 마당』(한국성서학 연구소, 2020년 봄호). 필자의 글을 수정 발췌하여 부분적으로 사용함.

사도행전 20장에 보면 유두고라는 청년이 바울 사도의 긴 설교를 들으며 졸다가 3층에서 떨어져 죽었다가 살아난 사건이 기록되어 있다. 성경은 "사람들이 살아난 청년을 데리고 가서 적지 않게 위로를 받았더라"(행 20:12)고 기록한다. 오히려 불행한 사건의 반전을 통해 복음에 접촉하는 사람, 예수님 곁으로 불러서 복음에 다가오는 사람이 늘었다는 것이며, 그들이 믿고 고백하는 예수 그리스도가 참 생명임을 확인하고 큰 용기와 힘을 얻게 되었다는 것이다. 참된 위로는 성도 곁으로, 믿음의 공동체 곁으로, 예수님 곁으로 다가오며 다가갈 때 이루어진다. 위로의 뜻이 그렇듯이 사실 사랑은 서로 간에 거리두기를 좁히는 것이다. 사랑은 다가가는 것이고, 접촉하는 것이고, 두 팔 벌려 상대방을 환대하는 것이다.

그런데 코로나19 상황은 사회적 거리두기(social distance)를 유지해야 한다. 사회적 거리두기라는 용어 때문에(물리적, 예방적 거리두기가 더 적절한 표현인데), 심리적 거리두기로 착각할 수 있다. 직접 접촉을 하지 않아도 말로, 글로, 얼굴 표정으로(비록 마스크로 가렸지만), 전화통화로, 문자로, 카톡으로, 영상통화로 우리가 함께 이 땅에서 살아가야 하는 공동 운명체임을 나눌 수 있어야 한다. 이러한 때에 부모는 좀 더 아이들과 함께 시간을 보내고, 대화하는 창의적 삶을 나눌 수가 있다. 함께 예배하고 기도하면서, 함께 집에서 책을 보고, 영화 보고 드라마를 보면서, 함께 요리하고 식사하며 그동안 소홀했던 가족 간의 심리적 돌봄을 시작할 수 있다. 핸드폰에 저장된 수백 명, 수천 명의 이름에 자부심을 느끼기보다는, 그동안 소원(疏遠, 트일 소, 멀 원)했던 친구의 이름을, 멀리 떨어져 있어 소식이 뜸했던 가족과 이웃, 동창과 교우들을 떠올리고, 이참에 안부를 묻고 건강을 위해 기도해 주며 위로할 수 있다.

메시지 성경은 "지쳐 나가떨어지지 않도록 하십시오. 늘 힘과 열정이 가득한 사람이 되십시오. 언제든 기쁘게 주님을 섬길 준비를 갖춘 종이 되십시오. 힘든 시기에도 주저앉지 마십시오. 그럴수록 더욱 열심히 기도하십시오. 도움이 필요한 그리스도인들을 도우십시오. 정성껏 환대하십시오."(롬 12:11-13)라고 권면한다. 신체적으로, 물리적으로 사회적으로 거리감을 유지하여 코로나의 전염을 예방하더라도 마음으로, 심리적으로, 사랑으로 정성껏 환대하는 태도를 잃지 말아야 한다.

또한 두 팔 벌려 서로 적극적으로 환대하라고 성경은 가르친다. 진정한 믿음은 형제자매는 물론이고 낯선 사람들을 환대한다. 요한삼서에서 메시지 성경은 "… 그리스도인 형제자매는 물론이고 낯선 사람들까지 환대하고 있으니 그대의 믿음이 더욱 돋보이는군요"(요한삼서 1:5)라고 번역했다. 당시 성도들이 여행자들을 돕고 환대의 손길을 펼치고 심지어는 그들의 식사와 잠자리까지 제공함으로 진리를 전파하는 일에 참여하고 친구가 되었다고 말씀한다(요삼 1:5-7). 지금은 두 팔 벌려 안아주고 환대하는 것이 힘든 때이지만, 목회자는 환대의 손길을 어떻게 펼쳐야 할지는 고민해야 한다. 시니어 그룹, 중년 퇴직자들, 비대면 교육으로 지친 학부모들, 미래가 불투명한 신혼부부, 청년들, 뛰놀지도 못하고 마스크를 쓰고 게임하며 집에서 뒹구는 아동 청소년들 … 그들의 아픔과 눈물을 보아야 한다.

목회 돌봄은 사회적, 친교적 만남이나 공적 예배와 모임이 위축될 때 한 영혼 한 영혼을 소홀히 하지 않으며 하나님의 말씀으로 돌아가도록 돕는 사역이다. 하나님의 영광을 위해 서로를 두 팔 벌려 받아들이고 환대할 때 그것이 성경이 보여주는 하나님의 따뜻한 성품이고, 이 말씀에 순종하므로 함께 어우러져서 우렁차게 찬양하는 합창대가 될 것이다. 로마서 15장 4-7절을 메시지 성경은 이렇게 번역하였다.

> 비록 오래전에 쓰여진 말씀이지만 여러분은 그 말씀이 다름 아닌 우리를 위해 쓰여진 말씀임을 확신할 수 있습니다. 하나님은 성경이 보여주는 하나님의 성품 — 한결같고 변치 않는 부르심과 따뜻하고 인격적인 권면 — 이 또한 우리의 성품이 되기를 원하십니다. 우리가 늘 그분이 하시는 일에 깨어있는 사람이 되기를 바라십니다. 미더우시고 한결같으시며 따뜻하고 인격적이신 하나님께서 여러분 안에 성숙을 길러 주셔서 예수께서 우리 모두와 그러하시듯 여러분도 서로 사이좋게 지내기를 바랍니다. 그럴 때 우리는 합창대가 될 것입니다. 우리 소리뿐 아니라 우리 삶이 다 함께 어우러져서 우리 주 예수의 하나님이시자 아버지이신 분께 우렁찬 찬송을 부르게 될 것입니다! 그러므로 여러분은 하나님의 영광을 위해 서로를 두 팔 벌려 받아들이십시오. 예수께서 그렇게 하셨습니다. 이제 여러분이 그렇게 할 차례입니다!

4. 포스트 코로나와 목회돌봄의 방향 제안

마우로 기엔은 미래의 불확실성과 변화에 혼란스럽고 두렵다고 하면서, 그러나 '시간은 우리를 기다려주지 않는다'며 수평적 사고 개

념으로 접근할 것을 제안한다.[26] 그는 새로운 부와 힘을 탄생시킬 8
가지 거대한 물결로 낮은 출생률, 새로운 세대, 새로운 중산층, 증가
하는 여성의 부, 도시의 성장, 파괴적 기술 혁신, 새로운 소비, 새로
운 화폐를 언급한다. 그는 코로나19가 팬데믹 상황으로 세계적인 대
유행이 되던 2020년 8월에 이 책을 출간하면서 이 위기의 흔적이 평
생에 걸쳐 지속될 것이며 기존의 흐름(4차 산업혁명)을 가속화하고 새
로운 기술, 인구 고령화, 여성의 사회적 역할의 증대, 신흥공업국 경
제가 빠르게 성장할 것으로 내다보았다. 포스트 코로나에 이러한 변
화를 적용한 목회 돌봄은 어떻게 새로운 관점에서 성도들에게 다가
갈 수 있을까? 포스트 코로나 시대에 여전히 변하지 않고 붙잡아야
할 것은 무엇일까?

    강민호는 '변하는 것과 변하지 않는 것'[27]에서 마케팅에 인문학적
마케팅 사고방식에 기본은 거래보다 관계, 유행보다 기본, 현상보다
본질을 말한다. 목회 돌봄에 있어서 변하지 않는 것 세 가지는, 인간
은 죄인이며 구원을 필요로 한다는 것, 인간은 저절로 성장하지 않고
돌봄과 교육이 필요하다는 것, 그리고 창조주 하나님은 그것을 위해
가정과 교회 두 기관을 허락하셨다는 것이다. 영혼의 갈증은 예수님
을 인격적으로 만나야 하고, 성장의 욕구는 돌봄과 격려와 환대를 통

---

26 Mauro F. Guillen, *The Future of Everything*, 우진하 역, 『2030 축의전환: 새로운 부와 힘을 탄생
시킬 8가지 거대한 물결』(리더스북, 2020), 17. 기엔은 '기존의 주어진 상황에 집착하지 않고 상
황 자체를 바꾸는 방법을 고민하는 것'이 수평적 접근이며, "상황에 대한 돌파구는 주어진 기준
안에서만 생각하는 것이 아니라 익숙한 가정을 버리고 규칙을 무시하며 창의성을 폭발시킬 때
나타난다"고 주장한다. 다시 말하면 예측이 어려운 변화의 시기에 뉴노멀, 새로운 기준과 규칙
의 차원에 머물지 말고 그것을 뛰어넘는 창의적인 안목과 시선으로 과거와는 다른 방식으로 접
근할 때 새로운 흐름에 대한 효율적인 대응을 할 수 있다.

27 강민호, 『변하는 것과 변하지 않는 것(Back to the basic): 인문학적 마케팅 사고방식』(턴어라운
드, 2017).

해 관계 속에서 채워지게 되고, 진정한 만남과 사랑은 가족공동체와 교회공동체에서 제공되어야 하고 발견하여야 한다. 이러한 영적, 관계적 갈급함과 굶주림을 제공하기 위해 목회자가 제공할 수 있는 목회 돌봄의 세 가지 방법은 다음과 같다.

A. 움직임의 힘(습관의 힘, 스트레스의 힘)[28]

코로나19는 스트레스이지만 끊임없는 자극을 주는 스트레서(stressor)를 통해 성장이 이뤄지기 때문에 몸을 움직여 반응해야 하고 그것이 습관으로 자리 잡도록 해야 한다. 영상예배에 익숙해 져서 대면예배 참석이 감소할 것이라는 것은 어쩌면 당연한 결과일지 모른다. 왜냐하면 습관의 힘은 무서워서 인간은 쉽게 적응하고 익숙해지기 때문이다. 그렇지만 단순히 공예배에 몸이 참석하여 예배자의 기쁨과 감격을 회복하려면 움직임의 동력을 제공하고 동기를 부여해야 하며, 그것이 습관이 되도록 해야 한다. 필자는 코로나19가 발현하기 전에 어머니의 요청을 받아 췌장암 말기로 입원해 있던 친하지 않은 고교 동창을 방문하여 복음을 전했고, 사망하기 1주 전에는 병상 세례를 주었던 생생한 기억이 있다. 마지막에는 힘이 없어 눈으로 반응을 보였으나 복음을 받았고, 며칠을 세상을 떠났다. 목회자가 할 수 있는 일은, 복음을 필요로 하는 사람을 찾아가는 것이다. 지난 1년여 동안 성찬과 세례 예전을 한 번도 시행하지 못한 교회들이 상당히 많

---

28   Kelly McGonigal, *The Joy of Movement*, 박미경 역, 『움직임의 힘』(로크미디어, 2020). Kelly McGonigal, *The Upside of Stress*, 신예경 역, 『스트레스의 힘』(21세기북스, 2015). Charles Duhigg, *The Power of Habit*, 강주헌 역, 『습관의 힘』(갤리온, 2013).

이 있다. 절기가 아니어도, 한 생명을 위해, 한 가족을 위해 성찬을
하고, 세례를 베풀 수는 없을까? 직장과 일터를 찾아가서 성찬을 나
눌 수는 없을까? 아니면 온종일 성찬의 날을 정해서 시간별로 전교
인이 참여케 할 수는 없을까?

얼마 전 코로나19로 양가 합쳐 20여 명만 모여 야외에서 결혼한
커플의 주례를 섰다. 결혼 예식에서 결혼하는 커플만을 위한 성찬을
처음으로 집례 했다. 부부가 되어 수많은 식사를 앞으로 함께 하겠지
만 부부로서 하나가 됨을 그리스도의 죽으심과 살아나심과 연합하여
세례를 받듯 함께 성만찬에 참여토록 했을 때에 그 기쁨과 의미는 충
만하였다. "일생에 이렇게 뜻 깊고 의미 있고 감격적인 결혼예식은
처음"이라는 찬사를 들었다. 이제는 작지만 적극적 신앙의 움직임에
참여할 수 있도록 목회 돌봄이 제공되어야 한다.

B. 의미의 힘(책읽기 모임, 말씀나눔 모임)[29]

빅터 프랭클이 의미요법을 창안하여 "의미"를 주창하였지만 현대
적으로 의미의 영향력을 새롭게 펼친 사람은 에일리 스미스이다. 그
녀는 인간을 살아가게 하는 진정한 힘은 의미에서 나오며 의미 있는
삶을 추구하는 것이 자신(나) 다운 삶이라고 주장한다. 의미 있는 삶
과 행복한 삶은 비슷한 것 같지만 행복한 삶을 추구하는 사람은 받는
사람, 즉 이기적이 되기 쉬운 반면에, 의미 있는 삶을 살면 주는 사람

---

29 Emily Esfahani Smith, *The Power of Meaning*, 김경영 역, 『어떻게 나 답게 살 것인가?』(알에치
코리아, 2019).

이 되기 쉽고 자신과 관계없는 일에도 관여하고 기여하는 경향이 높다고 말한다. 사람들은 행복하여 평온하고 스트레스 없는 삶을 원하지만 그러한 삶에서 만족과 보람을 느끼기는 쉽지 않다.

그래서 다양한 의미 찾기 모임이 교회 밖에서 펼쳐지고 있다. 많은 동호회들이 있고. 그런 활동 등을 통해서 의미를 찾으려 한다. 필자에게는 이미 20여 년 부부 공부 모임도 있지만, 코로나19를 맞으며, 책 읽기 비대면 모임(전공서적 읽기 모임, 베스트셀러 최근 책 읽기 모임 등)이 활성화되고 있다. 출석하는 교회 담임 목사님은 매주 목요일 어거스틴의 참회록 한 부분을 읽어서 녹음 파일로 전교인 카톡에 올려주고, 필자는 15명의 원하는 동료 후배 제자들에게 매일 큐티 성경을 5개 번역과 짧은 기도문(적용)을 2년째 그룹 카톡에 올리고 있다.

필자는 매주 방문하던 가족 병원 심방(예배)은 2020년 9월 6일 이후로 거의 10개월째 못하고 있다. 방역 절차와 과정이 까다로워 심방이 어려워졌는데, 아무래도 영상통화나 영상기도로는 도저히 영적 공급과 소통이 어려움을 절감하고 있다. 늘 그 시간만 되면 기다리시던 그 모습을 떠올릴 때마다 백신으로 빨리 무장하여 좀 더 수월하게 노약자, 환자 등을 찾아갈 수 있다면 좋겠다는 생각을 한다.

의미를 찾도록 돕는 목회 돌봄은 주는 삶을 살도록 격려하고 그 기회를 제공하는 것이다. 성도들이 기꺼이 몸으로, 재물로, 시간으로, 정성으로 의미 있는 일, 잃어버린 생명을 찾아 살리는 일에 동참할 수 있도록 목회 돌봄의 영역을 넓혀서 펼쳐가야 한다. 에밀리 스미스는 의미를 찾기 위한 네 가지 질문을 던진다. 첫째, 내 곁에 있는 사람에게 나는 집중하고 있는가?(유대감), 둘째, 누구도 아닌 내가 해야 할 일과 시간을 쏟을 만한 일은 무엇일까?(목적), 셋째, 내 인생이

정말 별로일까?(스토리텔링), 넷째, 나를 뛰어넘는 기쁨을 누려보았는
가?(초월)

포스트 코로나 시대에 목회돌봄은 어떻게 의미있는 삶을 살 수
있는지를 발견하도록 교회에서 성도들과 긍정적인 유대감을 쌓을 수
있게 하고, 자신만이 기여할 수 있는 삶의 목적과 일을 찾고, 자신과
세상을 이해하는데 도움을 주는 자신의 이야기를 만들고, 자기 초월
이라는 신비한 경험을 할 수 있게 하는 일에 방향을 맞추어야 한다.

C. 초고령사회와 노인돌봄(나이듦에 관하여)[30]

기욘의 2030 미래 전망에서도 예측했듯이 저출산과 인구 고령화
는 피할 수 없는 현실이며 이미 시작된 사건이다. 또한 여성의 부가
남성의 부를 앞지르며 이제는 여성들의 교회 이탈이 더 증가할 것으
로 보인다. 따라서 코로나19 이전이나 포스트 코로나 시대와 상관없
이 목회 돌봄은 나이 들어감과 여성들에 초점을 맞춘 새로운 생애 주
기적 접근이 필요하다.

우리나라는 5-6년 내에 초고령화 사회(65세 이상 인구가 전체 인구의
21% 이상)로 진입할 것이다. 노인을 제대로 기능 못하는 녹슨 기계 취
급을 하기도 하고, 연령 차별주의는 젊은 세대로 하여금 노인들을 자
신과는 전혀 다른 종류의 존재라고 생각하도록 하여 하나의 인격체
임을 망각하게 한다. 문제는 노년기가 인생에서 가장 긴 구간이며,
개인차도 가장 큰 시기라는 것이다. 따라서 목회 돌봄은 노년층과 고

---

30 Louise Aronson, *Elderhood*, 최가영 역, 『나이듦에 관하여』(비잉, 2020).

령층에서 더 요구와 필요가 많아질 것이다. 코로나19에 노인 요양병원에 머무르는 부모님들과 가족들의 방문도 제한되고, 그런데 감염이나 방역에 취약할 뿐 아니라 병원 원목이나 목회자, 가족들과의 사회적 접촉마저 제한되어 정서적인 어려움을 겪는 노인들이 증가하고 개인적으로 어르신들의 장례가 상당히 많았던 것으로 기억한다. 포스트 코로나의 목회 돌봄은 노령화에 따른 어르신 성도들을 세분화하여 활동하고 경제활동을 하는 노년 건강층부터 신체적 정신적 돌봄이 필요한 노년층까지, 단순히 연령에 따른 분류가 아닌, 체계적이고 종합적인 분석이 필요하다. 한 은퇴하신 교수님은 동사무소에서 한 달에 한 번씩 안부를 묻는 전화가 오는데, 처음에는 생뚱맞았는데 이제는 그 전화가 반갑다고 하시는 말씀을 들었다. 연령대와 상관없이 1인 가구가 늘면서 고독사가 증가하는 현실을 볼 때, 홀로 계신, 가족이나 연고가 없는 노년층에 대한 목회 돌봄을 준비하여야 한다.

Ⅳ. 나가는 말

코로나19 이전과 이후가 뉴노멀, 옛 기준에서 새 기준을 요구하지만 성경에서 가르쳐주는 진리는 올드 노멀이 아니라 항상 노멀(Always normal)이다. 언제나 그렇듯이 위기 때에는 기본으로 돌아가야 한다 (back to the basic). 코로나19를 이기려면 백신도 중요하지만 평상시에 손 잘 씻고, 잘 먹고 푹 자고 면역력이 약해지지 않도록 무리하지 않고 일상의 규칙적이고 단순한 생활을 해야 한다. 마찬가지로 어떻게 하든지 하나님을 예배하고, 구원을 선포하고, 말씀을 배우고 적용하며, 이웃을 섬기고 봉사하며, 그리스도 안에서 친밀한 교제를 나누는 모임을 지속해야 한다. 이러한 사역이 목회 돌봄이고 이것은 코로나 19 이전이나 위드 코로나 시대나 포스트 코로나와 상관없이 계속되어야 하는 예수님의 사역이다. 이 사역을 감당하기 위해. 아직도 혼자 있는 시간이 많은 의미를 찾는 이들을 발굴하여 도전하고 교육과 훈련을 통해 돌봄 사역에 동참하도록 동기를 부여하는 일부터 시작할 수 있다(예를 들어, 『돌봄의 언어』 책읽기[31]).

마지막으로 돌봄 사역 프로그램으로 스데반 돌봄 사역을 소개하며 마치고자 한다. 스데반 돌봄 사역은 훈련과 준비과정(약 50시간 교육)이 필요하지만 체계적으로 평신도와 함께 돌봄 사역을 준비하고 교육하여 실행할 수 있는 훌륭한 프로그램이다(우리가 돌보면, 하나님께서 치유하신다: We care, God cures). 이 프로그램은 일대일 돌봄을 원칙으로 하며 찾아가는 돌봄으로 대상(피돌봄자)은 다음과 같다. 슬픔을 경험하는 사람들, 우울증, 자살, 죽음을 직면한 사람과 그의 가족 및 친구들, 병원에 입원하기 전, 입원 중, 퇴원 후의 환자, 임신의 위기와 출산, 이혼을 경험한 사람들, 노인, 장기적인 돌봄과 영적인 돌봄이 필요한 사람들 등. 참고할 홈페이지는 "stephenministry.kr"이다. 마지막으로 작자 미상의 "어떻게 들으시나요?"를 소개하며 글을 맺고자 한다.

---

31 Christie Watson, *The Language of Kindness*, 김혜림 역, 『돌봄의 언어: 삶과 죽음, 예측 불허의 몸과 마음을 함께하다』(니케북스, 2021).

내가 말할 땐 귀로만 듣지 마세요.

그러면 내 말을 다 듣지 못 할테니까요.

나는 입으로만 말하지 않습니다. 눈으로 들어주세요.

나를 보고, 내게 집중해 주세요.

나의 행동은 나의 백 마디 말보다 더 많은 말을 합니다.

눈으로 들어주세요. 나의 눈도 말하니까요.

나의 눈은 내 영혼의 입술입니다.

참된 "나"는 숨겨진 "나"

그 "나"를 당신이 알았으면 좋겠습니다.

입으로 들어주세요.

당신이 내 말을 듣고 있고 내게 관심이 있다는 사실을 내게
알려 주세요.

그냥 들어 주기 바랄 때 당신은 충고하기 시작합니다.

내 부탁을 잊어버리고는...

그냥 들어주기 바랄 때 당신은 내가 왜 그렇게 느끼면 안되는
지 말하기 시작합니다.

내 감정은 무시한 채로.

그냥 들어 주기 바랄 때 당신은 내 문제의 해결사가 되어야
한다고 느낍니다.

그런 당신은 내게 낯설게만 보일 뿐입니다.

제발 들어 주세요! 내가 부탁하는 건 들어 달라는 겁니다.

말하거나 무얼 해 주려 하지 말고, 그냥 들어 주세요.

충고는 값싼 것입니다…

무엇보다도 마음으로 들어주세요.

저는 주로 마음으로 말하니까요.

"안녕하세요? 뭘 하고 있어요?"

무심코 말하는 것 같이 들려도,

내 마음은 이렇게 소리칩니다.

"내 기분이 어떤지 물어봐 주세요."

말하게 해 주세요. 전 말하고 싶습니다.

당신이 마음으로 듣지 못하면,

전 당신에게 말하는 것이 정말 두려울 겁니다.

그러나 마음으로 들어 준다면,

나는 말하고 당신은 들을 것이며

무지개는 더 선명히 보일 겁니다.[32]

---

32 Bruce Litchfield and Nellie Litchfield, *Christian Counseling and Family Therapy*, 정동섭, 정성준 공역, 『기독교 상담과 가족 치료 Vol. 1』(예수전도단, 2002), 121-122.

장로회신학대학교 개교 120주년 기념 목회자세미나

포스트 코로나 시대의 목회

3장

포스트 코로나 시대의
다음세대 교육

박상진

장로회신학대학교 교수, 기독교교육학

Ⅰ. 들어가는 말: 위기의 심화

오늘날 한국교회 다음세대 교육은 심각한 위기 속에 빠져있다. 코로나19라는 쓰나미와 같은 도전 앞에 가장 무기력한 영역이 다음세대 신앙교육이라고 할 수 있다. 사실 코로나19가 도래하기 이전부터 다음세대 교육은 위기 속에 있었다. 교회학교 학생 수가 급감하고 있었고, 교회학교가 사라지는 교회가 속출하고 있었다. 그런데 코로나19로 인해서 그전부터 위기 속에 있었던 다음세대 교육에 다시 위기가 닥친 셈이 되었고, 위기의 중첩과 심화 현상을 보이게 된 것이다. 과연 한국교회의 다음세대 교육이, 이 위기의 늪에서 헤어 나올 수 있을 것인가? 소위 포스트 코로나 시대(Post-corona era)에 한국교회 교회학교는 여전히 희망이 있는가? 아직도 지속되고 있는 위드 코로나 시대(With-corona era)에 한국교회의 다음세대 교육은 이러한 위기에 어떻게 응전해야 하는가? 이 글은 이러한 질문에 응답하면서 단순한 주장이 아닌 통계에 근거한 논의를 통한 대안을 모색하려고 한다.

II. 코로나 이전부터의 교회교육의 위기

코로나 이전부터 이미 시작된 다음세대 교육의 위기 중 가장 심각한 현상은 교회학교 학생 수 감소 현상이라고 할 수 있다. 이는 단지 양적인 위축 현상만이 아니라 교회학교라는 체제가 위축되거나 붕괴되는 질적 현상으로 이어지고 있다. 교회학교 학생 수 감소 현상을 분석하기 위해서는 먼저 교회학교에 해당하는 유소년 인구, 학령인구의 감소 등 인구 통계적인 분석이 요청된다.

1. 우리나라 유소년 인구 및 학령인구 추이

교회학교의 위기와 관련하여 먼저 분석해야 하는 통계는 유소년 인구 추이이다. 유소년 인구는 0-14세의 연령을 의미하는데 인구 연령 분포에 있어서 미래 변화를 예측하도록 해주는 가장 어린 나이의 연령대라고 할 수 있다. 우리나라 유소년 인구는 1972년도에 1,386만 명이나 되었는데, 이를 정점으로 하여 그 이후부터는 지속적으로 감소하고 있다. 2017년의 인구통계에 따르면 유소년 인구의 수는 672만 명이다. 이는 1972년 기준으로 714만 명이 감소한 수치로서 절반 이상인 51.5%가 감소하였다. 70년대의 콩나물시루 같은 학교와 교실의 모습은 더 이상 찾아볼 수가 없다. 교회학교도 이러한 유소년 인구 감소로 인한 직접적인 영향을 받게 된다. 문제는 이러한 감소세가 향후 계속 심화될 것이라는 점이다. 우리나라의 2017년 유소년

인구수인 672만 명은 전체 인구의 13.1%로서, 오는 2030년에는 500
만 명으로 감소하여 9.6%를 차지할 전망이며, 2067년에는 318만 명
으로 8.1%까지 감소할 것으로 추정되고 있다. 〈그림 1〉에서 볼 수 있
듯이 1972년에 유소년 인구가 1,386만 명으로 정점을 찍고, 그 이후
계속 감소해서 저위 추계로 예측할 때에는 2067년에는 213만 명으로
감소하여 현재의 3분의 1에도 미치지 못하는 수준으로 감소할 것이
예상된다.

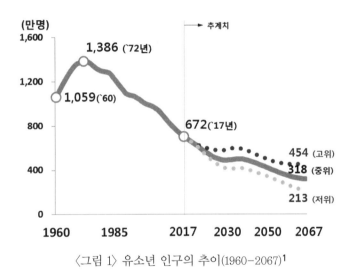

〈그림 1〉 유소년 인구의 추이(1960-2067)[1]

유소년 인구 통계와 함께 분석해야 하는 통계는 학령인구 추계이
다. 우리나라의 학령인구는 취학연령에 해당하는 인구로서 6-21세를
의미한다. 〈그림 2〉에서 볼 수 있듯이, 1970년의 학령인구는 1,260

---

1   통계청, 『장래인구추계 : 2017-2067년』, 2019.

만 명이었지만 그 이후 지속적으로 감소하여 2020년 782만 명으로 감소하였다. 학령인구가 전체 인구에서 차지하는 비율도 1970년 39.1%에서 계속 감소하여 2020년에는 15.1%로 감소하였다. 이러한 학령인구의 감소는 향후에도 지속되어 2060년에는 480만 명으로 전

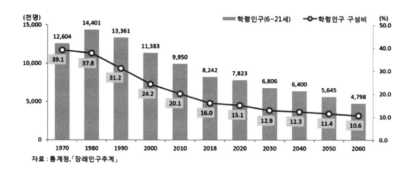

〈그림 2〉 학령인구의 추이(1970-2060)

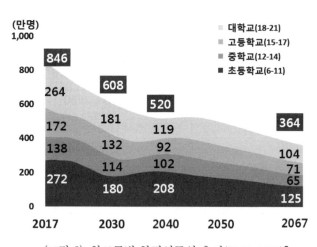

〈그림 3〉 학교급별 학령인구의 추이(2017-2067)[2]

---

2   통계청, 『장래인구추계 : 2017-2067년』, 2019.

체 인구에서 차지하는 비율도 10.6%까지 감소할 것으로 예상되고 있다. 이러한 향후 학령인구 감소를 학교급별로 예측하면 〈그림 3〉과 같다. 초등학교 학령인구인 6-11세의 경우는 2017년 272만 명에서 2030년에는 180만 명으로 감소할 것으로 추계되고 있고, 중학교 학령인구(12-14세)는 2017년 138만 명에서 2030년에는 114만 명으로 감소하며, 고등학교 학령인구(15-17세)는 2017년 172만 명에서 2030년에는 132만 명으로 감소할 것으로 예상된다.

유소년 인구와 학령인구의 향후 50년(2017년 기준) 추계인구는 〈표 1〉과 같다. 이 통계는 향후 인구변화에 대한 고위, 중위, 저위의 세 가지 시나리오 중 중위에 해당하는 것으로 평균적인 변화를 예측한

〈표 1〉 유소년 인구 및 학령인구 추계(2017-2067) (단위: 만명, %)

구분		2017	2020	2025	2030	2035	2040	2045	2050	2055	2060	2067
총인구		5,136	5,178	5,191	5,193	5,163	5,086	4,957	4,774	4,541	4,284	3,929
유소년 (0-14)	인구	672	630	554	500	494	498	467	425	382	345	318
	구성비	13.1	12.2	10.7	9.6	9.6	9.8	9.4	8.9	8.4	8.0	8.1
학령 인구 (6-21)	계	846	782	689	608	548	520	529	507	465	419	364
	초 (6-11)	272	272	233	180	200	208	191	173	160	140	125
	중 (12-14)	138	136	140	114	87	102	104	94	86	79	65
	고 (15-17)	172	138	136	132	96	92	105	100	90	83	71
	대 (18-21)	264	236	180	181	166	119	129	140	129	116	104
대학진학대상 (18세)		61	51	45	46	38	28	34	35	31	28	25

(통계청, 장래인구특별추계: 2017-2067년)

것이라고 볼 수 있다.

이 표에서 볼 수 있듯이, 2030년부터는 우리나라의 전체 인구도 감소하게 되지만, 유소년 인구와 학령인구는 지금부터 심각한 수준으로 감소할 것이 예측되고 있다. 유소년 인구가 2017년 기준 672만 명에서 50년 후에는 318만 명으로 감소하게 되고, 특히 학령인구에 있어서는 전 연령대에서 50년 안에 절반보다 훨씬 더 큰 폭으로 감소할 것임을 보여주고 있다. 이러한 유소년 인구 및 학령인구의 전망은 향후 우리나라 교육 전반에도 심대한 영향을 미치게 되지만, 교회학교 학생 수가 앞으로도 심각하게 감소할 수 있음을 보여주고 있다.

2. 우리나라 종교인구 통계

교회학교 학생 수 추이와 관련하여 고려해야 할 또 하나의 중요한 통계는 우리나라 종교인구 통계이다. 통계청에서 10년에 한 번씩 조사하는 종교인구의 변화는 향후 종교 관련 기관들이 심각하게 고려하여야 하는 자료이다. 지난 2016년도 12월 19일에 통계청이 발표한 '2015 인구주택 총 조사 표본 집계 결과'에 따르면 종교인구가 급격하게 줄어들고 있음을 알 수 있다. 이러한 현상을 '탈 종교화 현상'이라고 부를 수 있는데, '종교 없음'이 2005년도에 47.1%인 것에 비해 2015년도에는 56.1%로서 9%가 증가하였다. 반대로 종교인구는 52.9%에서 43.9%로 감소하였다. 특히 젊은 층의 종교인구 감소율이 높은 것으로 나타났는데, 2015년과 비교할 때 종교 인구 비율이 가장 크게 감소한 연령은 40대로 13.3% 감소했고, 다음이 20대(12.8%),

10대(12.5%) 순으로 나타났다. 2015년 종교인구 통계에서 '종교 없음'이 60%가 넘고 반대로 '종교 있음'이 30%대에 불과한 세 연령 집단이 있는데 모두다 젊은 연령층인 10대, 20대, 30대이다.

<표 2> 연령대 별 종교인구 분포(2005, 2015)

연령	2005년		2015년		증감
	없음(A)	있음	없음(B)	있음	(B-A)
계	47.1	52.9	56.1	43.9	9.0
10-19세	49.5	50.5	62.0	38.0	12.5
20-29세	52.1	47.9	64.9	35.1	12.8
30-39세	52.1	47.9	61.6	38.4	9.5
40-49세	43.5	56.5	56.8	43.2	13.3
50-59세	37.4	62.6	49.3	50.7	11.9
60-69세	36.7	63.3	42.3	57.7	5.6
70세 이상	37.0	63.0	41.8	58.2	4.8

(자료: 통계청)

　최근에 한국갤럽에서 <한국인의 종교 1984-2021>을 발표하였다.[3] 우리나라의 종교인구 비율이 2004년 54%에서 2014년에 50%로 감소하였고, 2021년에는 40%로 감소하여 불과 최근 7년 사이에 10%나 감소한 것이다. 특히 다음의 표에서 보는 바와 같이 성별로는 남성 종교인구가 급감하고 있으며, 연령별로는 젊을수록 종교인구의 비율이 낮게 나타나고 있는데, 19-29세의 가장 젊은 연령대는 22%만이 종교 인구인 것으로 드러나고 있다. 또한 비종교인이 호감을 갖는 종교는 불교 20%, 천주교 13%, 개신교 6% 순으로 나타나고 있는

3　https://www.gallup.co.kr/gallupdb/reportContent.asp?seqNo=1208

데, 비종교인의 94%가 개신교에 호감을 갖고 있지 않다는 것은 향후 전도가 어려울 것을 예견하게 한다.

〈표 3〉 한국 종교인 비율(2004-2021)

조사연도		2004년	2014년	2021년
전체		54	50	40
성별	남	44	44	34
	여	63	57	56
연령별	19-29세	45	31	22
	30대	49	38	30
	40대	57	51	32
	50대	62	60	43
	60대이상		68	59

3. 한국교회 교회학교 학생 수 통계

보다 직접적으로 한국교회의 교회학교 실태를 보여주는 통계는 교회학교 학생 수 통계이다. 교회학교 학생 수는 어느 정도 감소하고 있는가? 본 교단인 예장(통합)의 경우 2020년도에 개최된 제105회 총회에 보고된 2019년 기준 교세 통계를 보면 교회학교 거의 모든 부서가 감소하였는데, 소년부의 경우, 지난 10년 사이에 41.7%나 감소하였다. 장로교 통합 교단의 지난 10년간의 교회학교 학생 수 추이를 도표로 나타내면 〈표 4〉와 같다.

전반적으로 유년부, 초등부, 소년부 등 초등학교 학생들을 대상으로 한 교회학교의 경우는 물론 중고등부의 경우도 지속적인 감소 현상을 보이고 있다. 지난 10년(2010-2019) 간의 부서별 교회학교 학생 수 감소율을 보면 유년부가 32.3%, 초등부가 34.3%, 소년부가 41.7% 감소하였는데, 전체 초등학생의 경우 36.7%가 감소한 셈이다. 중·고등학교 교회학교 학생 수 추이는 지난 10년 동안 38.9%가 감소하였다.

이를 학령인구 추이와 비교해 보자. 지난 10년 사이의 학령인구 감소율은 〈표 4〉에서 볼 수 있듯이, 초등학생의 경우 2010년 328만 명에서 2019년에는 276만 명으로 감소하였는데 이는 15.76% 감소율을 나타내고 있다. 이에 근거해 볼 때, 교회학교 초등학교 학생 수는 학령인구보다 21% 정도 더 감소한 셈이다. 중·고등학생의 학령인구도 2010년 중·고등학교 학령인구가 중학교는 198만 명, 고등학교는 208만 명에서 10년 후인 2019년에는 각각 145만 명, 251만 명으로 줄어들어서 평균 감소율은 31.9%로서 교회학교 중·고등학생의 감소율(38.9%)이 7% 가까이 더 감소한 것을 볼 수 있다. 교회학교 학생 수

〈표 4〉 2010-2019년 예장 통합 교회학교 학생 수 추이[4]

년도	영아부	유아부	유치부	유년부	초등부	소년부	중고등부
2010년	18,305	24,571	67,378	64,232	74,327	89,900	188,304
2011년	21,429	24,130	64,731	58,419	69,015	83,266	180,308
2012년	18,733	23,641	62,251	56,519	64,175	76,090	171,660
2013년	17,101	21,555	58,293	50,840	59,423	68,175	157,409
2014년	17,523	23,323	57,649	51,112	57,880	64,637	152,327
2015년	17,325	22,659	55,435	48,110	55,317	62,358	146,763
2016년	16,403	22,109	52,053	46,020	54,173	56,147	134,904
2017년	19,088	21,604	50,412	45,493	51,803	56,256	126,235
2018년	14,934	20,475	48,101	44,288	50,193	54,687	119,691
2019년	15,206	19,872	45,654	43,461	48,807	52,427	115,025

4   대한예수교장로회(통합)총회, 『교세통계』, 2011-2020.

가 급격히 감소하는 것도 문제지만 학령인구보다도 더 감소하는 현상은 심각하게 받아들여야 할 것이다. 지난 10년 동안의 학령인구 추이는 다음의 〈표 5〉와 같다.

〈표 5〉 2010-2019년 학령인구 추이 (단위: 천명)

년도	계(6-21)	초등학교	중학교	고등학교	대학교
2010년	9,950	3,280	1,985	2,084	2,601
2011년	9,785	3,109	1,914	2,062	2,700
2012년	9,590	2,926	1,867	2,028	2,769
2013년	9,397	2,783	1,818	1,985	2,811
2014년	9,181	2,751	1,719	1,912	2,799
2015년	8,920	2,720	1,578	1,868	2,755
2016년	8,672	2,688	1,458	1,816	2,710
2017년	8,461	2,719	1,385	1,715	2,642
2018년	8,260	2,757	1,340	1,574	2,589
2019년	8,047	2,765	1,318	1,454	2,511

(자료: 통계청. [장래인구추이]. 2019.3)

교회학교 학생 수가 급격히 감소하는 것은 단지 출산율 저하에 따른 학령인구 감소의 영향만이 아니라 종교인구의 감소 및 한국교회 신뢰도 감소, 한국교회와 교회학교의 내적인 문제 등 다양한 요인이 반영되고 있기 때문이라고 할 수 있다. 이렇듯 위기를 경험하고 있는 교회교육이 코로나19 상황으로 인해서 위기의 심화를 겪게 된 것이다.

Ⅲ. 코로나 상황 속에서의 교회교육

코로나 상황 속에서 한국교회 교회교육은 어떤 변화를 겪고 있으며, 어떤 어려움에 직면해 있을까? 코로나 이후의 교회교육은 어떤 모습이어야 할 것인가? 예장(통합) 총회 교육자원부의 다음세대 중장기대책위원회 연구분과는 이 질문에 응답하기 위해 설문조사를 하였다.[5] 본 설문조사의 조사대상은 예장(통합) 교단에 속해 있는 전국 교회 목회자와 교회학교 교사이며, 설문조사에 응답한 사람은 860명이었고, 설문조사는 구글 설문지를 통한 온라인 방식으로 이루어졌다.[6] 설문조사는 지난 2020년 12월 30일부터 2021년 1월 19일까지 진행되었으며, 설문결과는 통계프로그램 SPSS 27.0으로 분석하였다. 여기에서는 설문조사에서 가장 중요한 부분인 교회학교 주일 예배 형태, 공과공부 현황, 학생출석 수의 변화 등에 초점을 맞추어 살펴보려고 한다.

---

5 필자는 연구분과장으로 지난 2021년 3월 26일, 총회 교육자원부 세미나에서 '통계로 본 코로나19와 교회교육의 현장'이라는 제목의 설문조사 결과를 발표하였고, 그 중 중요한 설문결과를 이 글에서 소개한다.

6 응답자를 직분별로 살펴볼 때, 담임목사가 390명으로 45.3%, 다음세대 교사가 267명으로 31%를 차지하였으며, 다음세대 전임교역자, 교육전도사, 준전임교역자 순으로 각각 9.9%, 7.7%, 3.7%로 나타났다. 남녀의 비율은 각각 69.9%, 30.1%였으며, 연령대로는 50대, 40대, 60대 이상, 30대, 20대 순으로 응답한 비율이 높게 나타났다. 응답자의 소재지 규모는 대도시가 37.7%, 중소도시가 37.4%, 읍, 면 지역이 24.9%로 나타났으며, 교회 규모는 29명 이하의 소규모 교회가 18.6%, 30-99명이 19.2%, 100-500명 미만이 30.5%, 그리고 500명 이상의 교회가 31.7%를 차지하였다.

1. 교회학교 주일 예배 형태

코로나 상황 속에서 교회학교 주일예배는 어떻게 드려지고 있을까? 설문 대상자들에게 코로나19 상황에서 주일 교회학교 예배를 어떻게 드렸는지를 물었다. 특히 주일예배 형태가 여러 번 바뀐 경우, 해당하는 예배 방식을 모두 선택할 수 있도록 복수응답 방식으로 질문했다. 교회학교 단위의 실태를 더 정확히 파악하기 위해 교회학교 교사들의 설문을 제외하고 담임목사와 교육담당 교역자 507명의 응답 결과를 도표로 나타내면 〈표 6〉과 같다. 이 통계에 따르면 실시간 온라인 예배를 드린 경우가 42.8%, 현장예배가 29.8%, 그리고 교회학교 예배를 드리지 않은 경우가 25.6%를 차지하는 것으로 나타났다. 특히 교회학교가 예배를 드리지 않은 경우가 25.6%로서 전체 교회학교의 4분의 1 이상이 코로나 상황 속에서 교회학교 예배를 드리지 못할 정도로 심각한 현실임을 알 수 있다.

〈표 6〉 비대면 주일예배 형태 (교역자 응답)

구분		빈도(명)	비율(%)
비대면 주일예배 형태 (복수응답)	예배순서와 설교자료(영상x) 제공, 가정별 예배	58	11.4%
	예배순서와 설교영상 제공, 가정별 예배	105	20.7%
	전체 예배영상 제공, 가정별 예배	98	19.3%
	전체 예배영상을 재생하며, 함께 예배	53	10.5%
	실시간 온라인 예배	217	42.8%
	현장예배	151	29.8%
	교회학교 예배를 드리지 않음	130	25.6%
총		507	

2. 교회학교 공과공부 형태

코로나 상황 속에서 공과공부는 어떻게 진행되고 있을까? 비대
면 공과공부 형태에 관해 총 7개의 선택지를 두고 질문했다. 그 결과
〈표 7〉에서 볼 수 있듯이, "안부를 확인하고 공과공부는 하지 않음"
이 가장 높게 나타났다(29.1%). 다음으로는 "영상으로 내용만 전달하
는 형태"(23.3%), "서로의 모습을 보며 함께 대화하는 형태"(13.0%),
"영상으로 내용 전달 시 댓글로 참여하는 형태"(12.0%), "기타"(12.0%),
"텍스트 자료만 제공하는 형태"(8.1%), "텍스트 자료제공 후 채팅을
하는 형태"(2.6%) 순이었다. 이러한 결과는 코로나 상황 속에서 교회
학교의 분반공부는 제대로 이루어지고 있지 않음을 알 수 있는데, 응
답자의 약 30%가 공과공부를 실제적으로는 하지 않고 있다고 응답
한 것이다. 즉, 코로나 상황 속에서 교회학교 예배는 간신히 이어가
는 정도로 명맥을 유지하고 있으며, 분반공부는 제대로 진행되고 있
지 못한 현실이다.

〈표 7〉 비대면 공과공부 형태

구분		빈도(명)	비율(%)
비대면 공과공부 형태	서로의 모습을 보며 함께 대화하는 형태	112	13.0
	영상으로 내용전달 시 댓글로 참여하는 형태	103	12.0
	영상으로 내용만 전달하는 형태	200	23.3
	텍스트 자료제공 후 채팅을 하는 형태	22	2.6
	텍스트 자료만 제공하는 형태	70	8.1
	안부를 확인하고, 공과공부는 하지 않음	250	29.1
	기타	103	12.0
총		860	100.0

3. 코로나 상황 속에서의 교회학교 참석인원 변화

코로나19 이후 교회학교 주일예배는 코로나19 이전과 비교해 볼때 어느 정도 증감이 이루어졌을까? 이를 파악하기 위해 교회학교 주일예배 참석인원의 변화 정도를 물었다. 그 결과 〈표 8〉에서 볼 수있듯이, 총 응답자 860명 중 "30% 이상 감소"(42.3%), "20~30% 감소"(18.5%), "10~20% 감소"(13.8%), "변화 없음"(11.5%) 순으로 나타났으며, 코로나19 이전과 비교해서 주일예배 참석인원이 감소했다고응답한 응답자가 전체의 82.5%로서 대부분을 차지하였다.

〈표 8〉 코로나19 이전과 비교 시 주일예배 참석인원의 변화 정도

구분		빈도(명)	비율(%)
주일예배 참석 인원의 변화 정도	30% 이상 감소	364	42.3
	20~30% 감소	159	18.5
	10~20% 감소	119	13.8
	10% 미만 감소	68	7.9
	변화 없음	99	11.5
	어떤 형태로든 증가하였음	19	2.2
	잘 모르겠음	32	3.7
총		860	100.0

Ⅳ. 코로나19 이후 교육전망

그렇다면 과연 코로나 이후의 교회교육은 어떠해야 할 것인가? 코로나 이전의 교회교육으로 돌아가는 것이 최선인가? 백신 접종을 통해 집단면역이 생기고 그래서 과거의 일상을 회복할 수 있다고 하더라도 코로나 이전의 '교회학교'라고 하는 학교식 체제(Schooling System)로 회귀하는 것이 가장 바람직한 방안인가? 코로나 이전도 여전히 교회교육이 위기였는데, 그 위기로 되돌아가지 않을 수 있는 대안은 없는가? 본 설문조사에서는 이러한 코로나19 이후의 교회교육 전망에 대한 인식을 파악하였다.

1. 현행 다음세대 교육체제의 변화

먼저 코로나19 이후의 교육 전망에 대해 질문하면서 현행 다음세대 교육체제의 변화 필요성에 대해 질문하였다. 설문조사 결과, 〈표

〈표 9〉 현행 다음세대 교육체제의 변화

구분		빈도(명)	비율(%)
현행 다음세대 교육체제의 변화	매우 필요함	644	74.9
	대체로 필요함	184	21.4
	별로 필요하지 않음	11	1.3
	전혀 필요하지 않음	1	0.1
	잘 모르겠음	20	2.3
총		860	100.0

9)가 보여주듯이 다음세대 교육체제에 변화가 필요하다고 응답한 응답자가 96.3%로, 거의 모든 응답자가 다음세대 교육체제의 변화가 필요하다고 생각하고 있는 것으로 나타났다. 이러한 응답은 코로나 이후의 시대인 포스트 코로나 시대의 교회교육은 단지 과거의 교육체제로 회귀하는 것이 아니라 새로운 교육체제가 되어야 한다는 바람을 드러내 보인 것이다. 즉, 코로나를 겪은 후, 과거 교회학교의 위기 상황 속으로 돌아가는 것이 아니라 그 위기를 해결할 수 있는 대안을 찾아야 한다는 생각이 나타난 것이다.

2. 다음세대 교육체제 변화 시 '우선' 고려되어야 할 사항

코로나 이후의 다음세대 교육체제 변화 시 '우선' 고려되어야 할 사항에 대한 응답 비율은 〈표 10〉과 같았다. 절반 이상의 응답자가

〈표 10〉 다음세대 교육체제 변화 시 '우선' 고려되어야 할 사항

구분		빈도(명)	비율(%)
다음세대 교육체제 변화 시 '우선' 고려되어야 할 사항 (복수응답)	다음세대의 요구 및 변화 수용도	445	52.0%
	학부모의 변화 준비도	216	25.3%
	담당 목회자·교사의 변화 준비도	307	35.9%
	담임목사의 변화 준비도	137	16.0%
	가정/부모-교회/목회자·교사와의 연대	451	52.7%
	다음세대 교육-장년세대 목회와의 연계	144	16.8%
	교회-노회/총회의 연대	117	13.7%
	교회-지역사회의 연계	70	8.2%
총		860	100.0

"가정/부모−교회/목회자·교사와의 연대"(52.7%), "다음세대의 요구
및 변화 수용도"(52.0%)를 가장 우선적으로 고려해야 할 사항으로 꼽
았으며, 이러한 결과는 다음세대 교육체제 변화의 방향을 제시해 주
고 있는데, 크게 두 가지 방향으로 요약된다. 하나는 '가정과 교회의
연계, 부모와 교역자/교사의 연계'로서 교회학교 중심 체제에서 가정
과 부모의 신앙교육 역할과 기능을 강조하는 체제로의 전환이다. 다
른 하나는 '다음세대의 눈높이에 맞는 교회교육'으로의 변화로서, 디
지털, 온라인, 멀티미디어에 익숙한 다음세대와 제대로 소통할 수 있
는 방식으로의 전환이다.

〈표 11〉 생기 있고 지속가능한 다음세대 교육을 위해 지금부터 준비해야 할 것

구분		빈도(명)	비율(%)
생기 있고 지속가능한 다음세대 교육을 위해 지금부터 준비해야 할 것 (복수응답)	자녀교육 주체로서 부모교육 실시	401	47.2%
	교회학교를 교회-가정 연계구조로 변화	415	48.8%
	세대통합예배 및 한부모가족예배 모델을 균형 있게 안내	270	31.8%
	환경교육 및 인공지능 등 미래이슈를 포함한 교육 내용의 확장	103	12.1%
	공과공부 교재 등 자료의 디지털화	321	37.8%
	개 교회의 콘텐츠를 개방·공유할 플랫폼 구축	172	20.2%
	교육사례를 공유할 교사들의 자발적 학습 커뮤니티 구축	86	10.1%
	온오프라인이 융합된 대안적 교육모델 개발	302	35.5%
	다음세대 교육 관련 데이터 수집·분석을 통한 동향 파악 및 공유	108	12.7%
	담당교역자·교사의 디지털 리터러시(기술문화 이해 및 역량 개발) 함양	181	21.3%
	노회/총회 주관 교사교육의 형태 변화: 주제별/소그룹/온오프라인 연계	137	16.1%
총		860	100.0

3. 생기 있고 지속가능한 다음세대 교육을 위한 준비

마지막으로, 생기 있고 지속 가능한 다음세대 교육을 위해 지금부터 준비해야 할 것에 대해 복수응답 방식으로 조사했다. 그 결과, 〈표 11〉이 보여주듯이, "교회학교를 교회-가정 연계구조로 변화"(48.8%), "자녀교육 주체로서 부모교육 실시"(47.2%)가 가장 높은 비율로 나타났다. 또, "세대통합 예배 및 한 부모가족 예배 모델을 균형 있게 안내"(31.8%) 역시 높은 비율을 차지했다. 이와 같은 응답 결과는 응답자들이 향후 다음세대 교육은 교회학교만의 교육이 아니라, 가정과 연계한 교육이 되어야 한다고 생각하고 있음을 보여준다.

V. 포스트 코로나 시대의 다음세대 교육 전략

코로나19를 경험하면서 포스트 코로나 시대의 다음세대 교육의 새로운 방향에 대한 공감대가 형성되고 있다. 앞의 설문조사에서도 드러나고 있듯이 두 가지 방향으로 모아지는데, 하나는 디지털 세대인 학생들과 보다 깊이 복음으로 소통하는 것이며, 다른 하나는 가정과 교회가 연계하되 부모를 자녀 신앙교육의 주체로 세우는 일이다. 이 두 가지 방향은 기독교 교육의 본질 회복과 상통한다. 코로나19라는 고통스러운 상황을 통해서 하나님께서 요청하시는 변화가 바로 교육의 본질이 회복되는 것인데, 기독교 교육의 두 가지 본질 회복이 하나는 성육신적 교육이고 다른 하나는 부모가 교육의 주체로서 회복되는 것이다. 먼저 하나님이 인간이 되신 사건인 성육신이야말로 기독교 교육의 원형이다. 도저히 소통할 수 없는 하나님과 피조물 간의 소통을 위해서 하나님이 인간이 되심으로 이루어진 교육이 기독교교육이다. 그런 점에서 교육은 소통이요 커뮤니케이션이라고 할 수 있다. 오늘날 다음세대와 어떻게 소통해야 할 것인가? 진정으로 그들과 소통하기 위해서는 그들의 의사소통 방식과 접촉점을 만들어야 한다. 그리고 다음세대 교육에 있어서 다시금 부모를 그 중심에 서도록 해야 한다. 코로나19의 충격 가운데 우리는 가정을 재발견하고 있다. 다음세대 교육의 패러다임을 교회학교 중심 체제에서 부모, 가정 중심의 패러다임으로 전환하여야 한다.

1. 성육신적 교육

코로나19로 인해서 야기된 가장 큰 변화는 '사회적 거리두기'일 것이다. 그 사회적 거리두기로 가장 크게 영향을 받은 영역이 교육이다. 교육은 사람과 사람의 만남을 통해서 이루어지는데 그 만남이 어려워지면서 교육이 위축될 수밖에 없는 상황에 직면하였다. 그래도 면대면의 만남을 통한 교육이 필수적이기 때문에 대면교육을 강행하게 되면 소위 3밀(밀폐, 밀접, 밀집)로 인해 감염 확산의 위험도가 높아지게 된다. 이렇듯 사회적 거리두기를 유지할 수밖에 없는 상황 속에서 방역지침을 잘 지키면서도 세 번째 수준으로 나아갈 수 있는 방안은 지금까지 중요하다고 강조하면서도 제대로 교육에서 실천되지 못했던 언택트(untact) 영역에서 보다 강력하게 컨택트(contact)를 시도하는 것이다. 코로나19로 인한 사회적 거리두기를 극복할 수 있는 가장 좋은 방법은 직접 대면하지 않고 온라인으로 소통하되, 보다 적극적으로 소통함으로 지적인 교류만이 아니라 감성의 교류는 물론 마음의 변화를 통해 신앙적 변화에 이르도록 돕는 것이다. 물론 궁극적으로는 온라인과 오프라인 소통이 구분되지 않는 토탈 커뮤니케이션(Total Communication)을 추구해야 할 것이다. 이것을 온라인(on-line)과 오프라인(off-line)을 모두 사용한다는 점에서 올라인(All-line)이라고 부르기도 한다. 교육학에서 공식적으로 부르는 명칭은 하이플렉스(HyFlex)인데, 커뮤니케이션에 있어서 융통성(flexibility)을 갖고 소통을 극대화하기 위해서 필요에 따라 오프라인과 온라인을 자유롭게 사용하는 방식을 일컫는다.

그러나 많은 목회자와 교육자들은 오프라인이 주된 소통의 방식이고 온라인은 임시적이거나 일시적인 소통의 방식으로 이해하는 경향이 있다. 그래서 오프라인을 정상으로, 온라인을 비정상으로 생각하기도 한다. 정상적인 대면교육을 할 수 없는 비정상적인 시기에 임시적으로 하는 교육의 방식을 온라인 교육으로 간주하는 것이다. 코로나19 상황이 조만간 종식되리라고 기대하며 그때까지 임시적으로 온라인 방식을 활용한다고 생각한다. 그러나 소통과 커뮤니케이션 방식의 변화는 비단 코로나19로 인해 야기되는 이슈가 아니라 이미 4차 산업혁명, 멀티미디어 커뮤니케이션 시대의 진입으로 인해서 교육에서 요구되는 필수적인 변화로 인식되어 온 것이다. 이것이 코로나19로 대면수업이 제대로 이루어질 수 없는 상황 속에서 보다 앞당겨 경험되고 있을 뿐이다.

이러한 변화를 이해하기 위해서는 커뮤니케이션의 변천사를 이해할 필요가 있다. 마샬 맥루한은 커뮤니케이션의 역사를 크게 다섯 가지로 구분한다.[7] 제일 오래된 커뮤니케이션 시대는 구전 커뮤니케이션 시대로 말로서 소통하는 시대이다. 그 다음은 문자 시대로 글로서 소통하는 문자 커뮤니케이션 시대이다. 세 번째 시대는 구텐베르그의 인쇄술 발명 이후에 활자로 책을 만들어 소통하는 인쇄 활자 커뮤니케이션 시대이다. 종교개혁이 가능했던 것은 바로 인쇄술의 발명을 통해 독일어로 번역된 성경책을 대중에게 보급할 수 있었기 때문이다. 네 번째 시대는 시청각 커뮤니케이션 시대로 인쇄 활자만이 아니라 시청각을 효과적으로 사용하여 소통하는 시대이다. 마지막 다섯 번째 시대는 멀티미디어커뮤니케이션 시대로서 IT 기술의 혁신으로 오감으로 커뮤니케이션을 하는 시대이다. 오늘날 젊은 세대는 바로 멀티미디어커뮤니케이션으로 소통한다. 소위 '디지털 원주민'(Digital native)이라고 불리는 이들은 디지털을 활용하는 정도의 '디지털 이민자'(Digital immigrant)와는 전혀 다른 소통 방식을 지니고 있다.[8] 커뮤니케이션 역사의 각 시기마다 그에 따른 교육이 이루어졌다. 구전시대는 말로, 문자시대는 글로, 인쇄활자시대는 책으로, 시청각시대는 시청각자료로 소통했다. 그렇다면 멀티미디어시대 또는 디지털시대에는 멀티미디어 또는 디지털로 소통해야 한다. 코로나19 상황은 이러한 변화를 앞당겨 경험하게 하고 있다.

교육은 커뮤니케이션이고, 교사나 부모의 가장 중요한 사명은 학

---

7   김정탁, 『미디어와 인간』(서울: 커뮤니케이션북스, 1998), 65.

8   Don Tapscott, *Grown Up Digital: How the Net Generation is Changing Your World*, 이진원 역, 『디지털 네이티브』(서울 : 비지니스북, 2009).

생이나 자녀와 소통을 통해 접촉점(contact point)을 갖는 것이다. 교사와 부모는 접촉점이 있는 소통의 교육을 회복하기 위해서는 학생과 자녀의 눈높이를 맞추어야 하고, 이를 위해서는 그들 속으로 들어가는 것이 중요하다. 이것이 성육신 교육의 원리이다. 하나님께서 하나님과 인간의 차이를 극복하시고 인간을 변화시키시기 위해 선택하신 하나님의 교육 방법이 바로 성육신(Incarnation)이다. 사실 칼 바르트라는 신학자가 말한 대로 '하나님은 하늘에 계시고, 인간은 땅에 있다.' 이 하나님과 인간의 '차이'를 극복하고 만남을 이루시기 위하여 하나님께서 자신을 낮추시고 육신을 입고 이 땅에까지 찾아오신 모습이 성육신이다. 사도바울은 우리도 이 성육신의 마음을 품을 것을 권면하고 있다. "너희 안에 이 마음을 품으라 곧 그리스도 예수의 마음이니 그는 근본 하나님의 본체시나 하나님과 동등됨을 취할 것으로 여기지 아니하시고 오히려 자기를 비어 종의 형체를 가져 사람들과 같이 되었고 사람의 모양으로 나타나셨으매 자기를 낮추시고 죽기까지 복종하셨으니 곧 십자가에 죽으심이라"(빌 2:5-8) 이 성육신의 원리는 모든 '차이'를 극복하고 해결할 수 있는 원형적 원리가 된다. 교사가 학생을 진정으로 이해하기 위해서는 학생의 삶 속으로 성육신하여, 그들의 세상과 문화 속으로 들어가야 한다. 세대 간의 차이와 문화적 간격이 크면 클수록 이러한 성육신적 노력은 중요하다. 왜냐하면 저절로는 서로를 결코 이해할 수 없기 때문이며, 있는 자리를 지키면서는 진정한 대화를 할 수 없기 때문이다. 코로나19 상황은 바로 이 성육신 교육을 요청하고 있다. 대부분이 문자 세대인 목회자나 교사가 다음세대의 소통방식 속으로, 더욱이 온라인 속으로 성육신할 것을 요청하고 있다.

그러면 가장 중요한 질문이 제기된다. 과연 온라인에서 인격적인 관계가 가능한가? 온라인에서 진정한 사랑의 관계가 가능한가? 온라인에서 지식 전달 차원이 아닌 마음의 변화, 영적인 변화가 가능한가? 가능하다. 필자가 코로나19로 인해서 지난 한 학기 동안 모든 수업을 온라인 수업으로 진행하였다. 동영상 강의를 미리 e-강의실에 올려놓고 줌(Zoom)을 통해 화상으로 만나서 양방향 상호소통으로 수업을 하였다. 하루는 에릭슨의 8단계 심리사회적 발달이론 중 1단계 '기본적 신뢰감 대 불신감'에 대해 줌으로 수업을 진행하는데, 한 학생이 동영상 강의를 본 후 지금은 아빠와 이혼하여 자신과 같이 살고 있지 않는 엄마에게 갓난아기 시절 자신을 사랑으로 양육해 준 것에 대해 눈물로 감사의 고백을 하였다며 나에게 장문의 e-메일을 보내왔다. '아, 온라인 수업이지만 내면의 변화가 일어나고 있구나.' 나에게는 온라인 수업에 대한 불신의 벽이 무너지고 더 인격적으로 소통할 수 있는 계기가 되었다. 온라인을 통해 오히려 더 가깝게 만날 수도 있다. 오프라인 수업에서는 교실 끝에 앉아 있는 학생도 화상을 통해 30센티미터 이내에서 서로 대화할 수 있다. 중요한 것은 온라인이냐 오프라인이냐의 문제가 아니라 진정 사랑하느냐의 문제이다. 교사가 학생을 진정 사랑한다면 온라인이든 오프라인이든 변화의 역사가 나타날 것이다.

2. 부모, 가정 중심의 교육

코로나19로 인해서 사회적 거리두기를 하게 됨으로 모든 것과 거리를 두고 학교와 학원은 물론 심지어는 교회조차 가지 못하게 되었다. 그렇게 되면서 마지막으로 남는 원초적인 관계는 가정이었고 가족이었다. 어떤 면에서는 자녀들이 거의 반강제적으로 집에 머물게 되었다. 모든 정권이 그토록 노력해도 이룰 수 없었던 '저녁이 있는 삶'이라는 것을 코로나19 상황으로 인해서 경험하게 된 것이다. 코로나19로 인해서 다시금 가장 원초적인 가정으로 돌아오게 되면서 가정이 얼마나 소중한지를 다시금 깨닫게 되었다. 그야말로 가정의 재발견이라고 표현할 수 있을 것이다. 코로나19로 인해 처음으로 부모들이 자녀와 오랜 시간을 함께 있게 되었다. 원하든, 원치 않든 자녀와 함께 있게 되었고, 주일 예배도 자녀와 함께 드리게 되었다. 처음으로 자녀들이 교회학교에서 보내주는 영상 자료를 통해 신앙교육을 받는 모습을 보았고. 자녀들이 학교에서 보내주는 동영상과 온라인 수업 광경을 보게 되었다. 그전에는 사실 자녀가 교회학교에 가서 무엇을 하는지, 학교에 가서 무엇을 하는지 알지 못했는데 이제 그 모든 것이 사실은 부모의 책임이라는 것을 깨닫게 된 것이다.

　　포스트 코로나 시대, 코로나 이후의 시대의 다음세대 교육은 그전과는 달라야 한다. 코로나 이전의 다음세대 교육은 교회학교 중심이었다. 부모가 주일 아침에 교회학교에 보내는 것이 거의 전부였다. 그러나 코로나로 인해 부모가 신앙교육의 주체임을 깨닫고 자녀에게 말씀을 가르치며, 가정에서 함께 가정예배를 드리는 것의 중요성을 깨닫게 되었다. 이것이 성경이 보여주는 자녀교육의 원리이다. 신 6:7은 말씀한다. "네 자녀에게 부지런히 가르치라" 하나님께서는 부모에게 자녀 신앙교육의 사명을 주셨다. 우리에게 자녀를 가르치라고 부탁하신 것이다. 그런데 그동안 부모는 '가르치는 사람'이 아니라

'보내는 사람'으로 전락하였다. 학교로 보냈고, 학원으로 보냈고, 주일학교에도 보냈다. 그런데 코로나19 상황으로 인해 그들은 다시 가정으로 돌아왔다. 부모의 품으로 돌아왔다. 가정의 품으로 돌아왔다. 이 상황 속에서 듣게 되는 하나님의 메시지가 있는데, 바로 자녀를 가르치는 사명, 이것이 부모의 사명이라는 것이다.

필자는 최근 한국교회에 유바디 교육목회를 제안하고 있다. 유바디 교육목회는 유니게와 바울이 디모데를 양육했듯이, 가정과 교회, 부모와 교회학교 교사가 함께 다음세대를 세우는 교육목회로서, 목회 전체가 다음세대 지향적인 목회 모델이다. 일반적으로 성인 사역으로 인식했던 교구를 부모 발달단계로 편성함으로써 성인으로서 부모를 세워 이들이 가정에서 자녀를 신앙적으로 양육할 수 있도록 한다. 즉, 교회학교가 아닌 교구를 다음세대 목회의 센터로 삼는 교육목회이며 그 한복판에 다음세대 본부장으로서 담임목사가 서 있게 된다.[9]

유바디 교육목회의 가장 중요한 특징이 있다면 전체 목회가 다음세대 지향적인 목회가 된다는 데에 있다. 지금까지의 다음세대 교육은 주로 교회학교의 몫이었고 교육위원회나 교육부의 역할이었다. 담임목사는 전체 목회를 하고, 교육부나 교회학교는 교육목사에게 맡기는 식이었다. 물론 담임목사가 교회학교 교장을 기구표 상으로는 맡게 되지만 교회학교 예배 후에 축도조차 할 수 없는 경우가 많은 것이 사실이다. 다르게 표현한다면, 교회학교와 교육부는 교회 안에서 하나의 섬처럼 존재한다고 볼 수 있다. 담임목사가 가끔 그 섬에 가서 축도를 한다고 하더라도 육지와 섬 사이에는 큰 간격이 있다. 이제는 담임목사가 다음세대를 책임져야 한다. 담임목사가 주일 저녁에 교회학교 학생 출석수를 확인하는 역할을 하는 것이 아니라 다음세대 목회의 주체가 되어야 한다.

교회에서의 두 가지 분리 현상, 즉, 교회학교와 가정의 분리, 목회와 교육의 분리를 극복하고 다음세대를 건강하게 양육할 수 있는 방안은 담임목사가 중심에 서서 크리스천 부모를 세워 그들이 가정에서 자녀 신앙교육을 실천하도록 하는 것이다. 자녀 신앙교육의 무게 중심을 교회학교에서 가정으로, 교회학교 교사에서 부모로 옮기고, 부모가 이 역할을 제대로 감당할 수 있도록 교회는 부모를 위한 교육과정을 작성하고 이를 실행하는 것이다. 담임목사가 전체 다음세대 양육의 센터에 서고, 교구목사와 교구가 다음세대 교육의 통로가 되고, 교구 안의 모든 가정의 부모들이 다음세대 양육의 주체가 되는 것이다. 부모가 신앙의 교사가 되어 가정에서 다음세대 신앙의 대 잇기와 양육의 사명을 감당할 수 있도록 부모를 교육하여야 한다. 이 부모교육은 부모의 전 생애를 통해 이루어져야 하고, 이것이 목회의 교육적 뼈대를 이루게 될 때 건강한 교육목회를 할 수 있을 것이다.

VI. 나가는 말

포스트 코로나 시대의 다음세대 교육은 코로나19가 종식된 후에 비로소 시작되는 것이 아니다. 코로나19 상황 속에서 시작되어야 한다. 포스트 코로나 시대의 다음세대 교육은 지금까지의 교회교육 프로그램을 개선하는 것으로 해결될 수 없다. 전통적인 교회학교 체제를 근본적으로 변화시키는 목회 패러다임의 전환이 요청된다. 하나님이 디자인하신 교육의 본질을 회복하여야 한다. 부모를 자녀 신앙교육의 주체로 세우고 가정 중심의 다음세대 목회를 회복하여야 한다. 디지털 원주민인 다음세대와 적극적으로 소통하기 위해 온라인 속으로 들어가 성육신적 교육을 담당해야 한다. 1780년, 영국의 로버트 레익스가 당시 18세기 산업혁명 직후 아동과 청소년들의 절박한 현실에 응답함으로 주일학교가 시작된 것처럼, 한국교회가 코로나 시대의 절박한 요청에 응답할 때 새로운 패러다임의 다음세대 교육이 시작될 수 있다. 코로나19를 계기로 한국교회의 다음세대 교육이 한 단계 더 성숙할 수 있기를 기대한다.

장로회신학대학교 개교 120주년 기념 목회자세미나

포스트 코로나 시대의 목회

4장

포스트 코로나 시대의
전도와 선교

김영동

장로회신학대학교 교수, 선교신학

I. 들어가는 말

코로나19는 문명사적 대전환을 가져왔고, 또 새로운 위기와 변화를 초래할 것으로 보인다. 코로나19는 지구촌 어느 한 지역이나 영역만 아니라 전 지구적인 위기와 변화를 가져왔고, 앞으로 또 어떠한 사태가 전개될지 모르는 불확실성을 안고 있다. 현시대 사람들이 한 번도 경험하지 못한 전대미문의 전염병 쓰나미가 엄청난 위력으로 세상을 어두움과 고립과 슬픔과 분노로 몰아넣고 있다.

코로나19 시대를 어떻게 규정하는가에 따라 교회 목회와 선교의 방향이 달라질 것으로 보인다. 그런데 어느 하나의 특정한 관점에서 보다는 다양한 관점에서 코로나19 시대를 진단할 수 있을 것이다. 오동섭은 코로나19 시대를 10가지 키워드로 정리한다. 첫째 사회적 거리두기 즉, '비대면'(untact), 둘째, 불필요한 대면접촉을 피해 의식주, 엔터테인먼트 서비스를 제공받는 온라인 기반의 '온택트'(ontact), 셋째, 가상공간 소통의 증가로 인한 'AI'와 '메타버스'(metaverse), 넷째, 코로나19 대응의 '신뢰성' 증대, 다섯째, 무분별한 개발과 생태계 파괴로 인한 '생태 위기', 여섯째, 비대면 온라인 소비 증가로 '이커머스(e-commerce) 마케팅' 확산, 일곱 번째, 비대면 상황에서 조직관리, 구성원 정서 관리, 소속감 문제 해결 위한 경영조직인 '애자일'(Agile),

여덟 번째, 코로나19 장기화로 발생하는 '코로나 블루'(우울증)(CORONA BLUE), 아홉 번째, 새로운 문화 예술소비 형태로 소위 '랜선 공연, 전시', '홈루덴스'라는 현상, 마지막 열 번째 키워드는 새로운 공간 구조의 재편이 키워드로 본 코로나19 시대 상황 진단이다.[1] 이러한 현상은 문자 그대로 새로운 사회 상황인 '뉴노멀'(new normal)을 실감하게한다. 과거에도 문화 차이로 인한 전도와 선교의 어려움이 있었지만, 코로나19로 앞당겨진 4차 산업혁명 시대, 뉴노멀 시대의 교회와 선교에 대한 도전은 기존의 관행과 대응으로는 효율성과 효과성이 떨어질 수밖에 없을 것이다. 그 외에도 코로나19로 인한 사회, 문화적 현상들을 살펴볼 수 있다.

생업의 위협, 실직의 폭발적 증가, 관계의 단절, 국가 이기주의적 고립, 전체주의적 감시, 일상생활의 파괴, 방역과 치료에 빈부의 격차 등 이번 전염병은 우리의 사고방식과 생활방식을 위협하고 어둡게 세상을 변화의 소용돌이를 일으키고 있다. 이러한 충격적 위기로인해 글로컬(glocal) 차원의 정치 경제적 변화, 양극화 심화, 혐오와공격성 증대 등으로 인간의 삶의 방식이 급격하게 바뀌어 갈 것으로보인다.[2]

한국교회는 코로나19 상황에 직면하여 신학적, 목회 실천적 혼란에 빠졌다. 교회의 선교적 차원보다는 교회 내부적인 목회적 차원을의식하여 예배당에 모이는 예배에 초점을 둠으로써 대사회적 신뢰도상실과 위기를 낳았고 선교적 대응에 실패하였다고 본다. 물론 정부

---

1   오동섭, "코로나 19시대를 읽는 10가지 키워드," 『선교와 신학』 54 (2021. 6), 41-70.
2   이규대, "코로나19 팬데믹 상황과 아시아 선교," 『선교와 신학』 52 (2020), 109-120.

의 사회적 거리두기와 예방 정책에 합당한 이의를 제기하고 비판할
수 있지만, 코로나19 위기 상황에 대한 교회의 대처는 일방적이고 편
협한 태도로 언론과 국민에게 외면당한 상황이 매우 안타깝다. 이러
한 교회의 혼란과 대사회적 대응의 실패는 선교적 차원의 신학적 확
신과 교회의 본질에 대한 추구가 부실했던 그동안의 교회 실태에 기
인한다고 볼 수 있다. 코로나19가 교회의 예배, 교육, 친교, 봉사, 선
교 등 여러 분야에서 위기 상황을 초래하고, 교회와 신학은 이러한
도전에 새로운 차원의 응전을 모색해야 할 것이다. 특히 타 문화권
선교의 위기와 도전은 다른 어떤 분야보다 더 심각하게 일어날 것이
고, 선교지 선교사와 사역 및 국내 교회의 선교 사역에 거대한 변화
를 가져올 것으로 예측된다.

필자는 이러한 문명사적 대전환기며 선교 패러다임의 변화를 일
으키는 코로나19 감염병에 관한 선교 신학적 성찰을 살펴보고, 코로
나 시대 및 그 이후 지역 교회의 선교 방향을 제시하고자 한다.

Ⅱ. 감염병의 선교 신학적 성찰

1. 불확실성의 증대와 위험사회의 선교 위기

지금 현실은 세계사적 대 전환의 시대로 회자할 만큼 전 지구적
감염병의 확산과 이중적 뉴노멀의 시대를 맞이하고 있다. 예장(통합)

총회가 개최하여 지난 6월 15일 서빙고 온누리교회에서 열렸던 "코로나19 이후의 한국교회 대토론회"에서 김호기 박사(연세대학교 사회학과 교수)는 "코로나 이후의 한국 사회"라는 제하의 강연을 하였다. 이때 김호기 박사는 사회학적 관점에서 세 가지 관점을 이야기했다. '글로벌 위험사회로서의 팬데믹', '국면사로서의 팬데믹', '이중적 뉴노멀로서의 팬데믹'이다. 김호기 박사는 독일의 사회학자 울리히 백의 "위험이 사회의 중심 현상"이 된다는 '위험사회' 이론을 소개하며, 위험사회 특징을 언급한다. 그 특징이란 강한 전염성, 발생 소재의 불투명, 과학 발전에 비례하는 위험 인식 증대, '평등'보다 '안전' 가치 중시, 불안 증대에 따른 안전의 공적 소비재화 등이다.[3] 위험이 세계화된 글로벌 위험사회에서 당연히 감염병 또한 급격한 속도로 세계화하고 있다.

한 마디로 위험사회 증대는 '불안과 공포와 불투명성의 증대'를 가져올 것이다. 미래에 대한 불투명성의 급속한 증대로 안전 가치가 최우선시 되어 자유 평등 박애 등의 가치를 손상할 수 있는 잠재적 위험성을 내포한다. 안전을 우선시함으로써 열린사회 보다 폐쇄적인 사회로 변화할 수 있다. 집단, 세대, 계급, 종교, 국가 등의 상호 교류와 나눔과 소통이 제한될 가능성이 크다. 글로벌 차원과 사회적 차원이 양과 질에 거대한 변화가 일어날 것이다. 아울러 글로벌 '위험의 불평등' 현상이 대두되고 있다. 특히 빈국과 사회적 접촉이 빈번한 직종과 사회적 취약 계층 등 특정 세대에 큰 영향을 미칠 것이다.[4]

---

3 김호기, "코로나 이후의 한국 사회," 대한예수교장로회 주최 『코로나19 이후의 한국교회 대토론회』 자료집 (2020), 36.
4 위의 자료집, 37.

이것은 선교 환경의 위기를 초래하여 선교의 위기를 가져올 것이다.

2. 생태계 위기와 환경변화에 대한 성찰

글로벌 위험사회는 인간의 탐욕과 불의에 기인하는 인재로 볼 수 있다. 2020년 6월 16일 오전 10시에 "포스트 코로나 목회 변화와 창의적 대안"이란 주제로 열린 온라인 심포지엄에서 김회권은 감염병 확산에 대해 교회가 막연한 회개나 "산만하고 막연한 신앙적 결단"을 경계할 것을 요구하며 바른 "신학적 해석(하나님 원인론적 해석과 하나님 목적론적 해석)"을 추구하라고 강조한다. 이러한 시도를 권장하는 이유를 다음과 같이 제시한다.

(1) 창조 질서 파괴에 대한 하나님의 경고, 회개 촉구

(2) 기후 변화로 초래된 동물 생태권, 동물 생육 및 번성 권리 교란으로 인한 동물 숙주 바이러스의 인간침투

(3) 기후 변화와 그것의 파괴적 효과에 대한 인류의 공동 협력체제 구축 기회

(4) 세균의 침략으로 무너진 문명(문명 간 접촉의 가장 어두운 면–세균전)[5]

생태계 위기와 지구 환경 변화의 엄청난 도전은 선교에 대한 근본적인 재고를 요청한다. 전통적인 영혼 구원 중심의 선교관이나 교

---

5 김회권, "포스트 코로나 신학 도전과 응전," 장로회신학대학교 세계선교연구원 주최 『포스트코로나 목회변화와 창의적 대안』 온라인 심포지엄 자료집 원고.

회 중심주의 선교를 탈피할 것은 물론이고 통전적 선교와 인간을 포함하여 미생물과의 공존을 장려하는 만물의 회복과 조화를 이루는 선교가 요청된다. 이를 위해 인간과 자연, 특히 '미생물 존중'의 영성을 체득해야 한다. 신학과 성경 지식만 아니라 과학 지식과 교양이 신앙과 신학의 토대가 되며, 또한 영적 지도력 함양의 필수 요소가 된다. 코로나19 감염병 이후의 선교는 만물의 생명 경외와 생명 살림의 선교관과 선교 실천에 대한 도전을 성찰하고 고려해야 한다. 선교신학이 여전히 교회 중심주의나 영혼 중심주의 구원론에서 머물면 세상에서 교회는 더 고립되고 잊힐 것이다. 이제는 공적 선교에 대한 논의를 더 활성화해야 한다.

> 공적 선교는 가난한 자를 돕고 자유케 하는 것, 치유와 화해와 해방의 추구, 피조 세계의 생명 망의 보존과 생태계 위기 극복에의 헌신, 특히 기후 변화에 대한 대처 등으로 실현되어야 하되, 하나님의 살아 움직이는 말씀 사건으로서의 하나님의 선교라는 관점을 상실하지 말아야 한다. 공공의 선과 공익을 진작하는 예언자적-디아코니아적 공적선교는 세계 기독교 상황에서 전도, 제자화, 사랑의 실천은 물론이고 인류의 필요에 반응하는 것, 불공평한 사회 구조의 변혁, 생태계 위기의 극복 등 시민 사회와 공공선을 위해 헌신하는 것을 포함한다.[6]

---

6   김영동, "공적선교신학 형성의 모색과 방향," 『장신논단』 46-2 (2014. 6), 297-322, 310.

3. 감염병의 세계화와 동반자 협력 선교의 세계화

코로나19 감염병의 큰 특징 가운데 하나는 미증유의 확산세다.
2020년 8월 19일 현재 전 세계의 감염병 현황은 다음과 같다. 확진
자는 2200만 명정도, 완치자가 1400만 명정도, 사망자 수는 약 77만
7천 명이다. 급속한 확진자 증대와 더불어 국가, 세대, 계급 등의 사
이에 갈등과 비난과 차별이 만연해지며, 곳곳에서 인종차별 현상이
나타나고 있다. 이러한 현상 역시 타 문화권 선교에 막대한 지장을
초래한다.

코로나바이러스 감염병의 확산은 지구촌 전체에 위협이고, 개인
의 생명만 아니라 사회 안전망을 위태롭게 한다. 부정적인 영향이 많
지만, 또 다른 부작용도 적지 않다. 그중에서 우리 사회 내부에서 우
후죽순처럼 쑥쑥 자라고 있던 '이데올로기적 바이러스'를 적나라하게
드러낸 점이 문제가 되고 있다. "가짜뉴스, 편집증적 음모론, 인종차
별주의의 득세"는 물론이고, "격리를 위해 잘 갖추어진 의료 체계가
필요하다는 요구는, 분명한 경계들을 세워 우리 정체성에 위협이 되
는 적들을 격리하라는 이데올로기적 압력도" 드러냈다. 탐욕과 이윤
을 최우선 가치로 하는 신자유주의 경제 시스템의 문제가 노출되고
있고, 시장이나 금융자본의 작동을 걱정하는 여론이 "이미 사망한 수
천 명과 곧 죽게 될 더 많은 사람"[7]에 대한 배려를 퇴출하는 현실이
심히 우려되는 상황이다.

---

7   Slavoj Zizek, *Pandemic!: COVID-19 Shakes the World*, 강우성 역, 『팬데믹 패닉: 코로나19는 세
계를 어떻게 뒤흔들었는가』(서울: 북하우스. 2020), 61.

다른 한편 감염병은 유익한 '이데올로기적 바이러스'도 퍼뜨릴 수 있다는 소리도 있다. 슬라보예 지젝은 "하나의 대안적 사회를 사유하는 바이러스, 국민국가를 넘어선 사회이자 전 지구적 연대와 협력의 형태를 실현하는 사회를 사유하는 바이러스"를 말한다.[8]

지젝은 전 지구적 감염병의 확산과 생명의 파괴 현실을 제대로 인식하고 공유하며 전 지구적 연대와 협력을 강화해야 할 것을 강조한다. 전 지구적 연대와 협력이 우선적 선택임을 자각하게 한다. 하지만 그 반대로 행동하고 선동하는 국가 지도자와 집단이 존재함을 한탄하며, 대안적 협력과 연대를 제기한다.

극우 진영과 사이비 좌파들은 한결같이 감염병의 현실을 온전히 받아들이길 거부하며, 각자 사회구성주의적 환원을 내세우면서 문제를 희석시키는 데, 다시 말해 사회적 의미를 위해 감염병의 현실을 무시하는 데 여념이 없다. 트럼프와 그 추종자들은 감염병을 두고 민주당과 중국이 트럼프의 대통령 선거 패배를 위해 꾸민 음모라고 거듭해서 주장한다. 반면 어떤 좌파 진영은 국가와 보건기구들이 내놓은 조치들이 외국인 혐오로 오염되었다고 거부하며, 악수를 지속하는 행위로 상징되는 사회적 교류를 계속해야 한다고 주장한다. 그러한 입장은 현재의 역설을 놓치고 있다. 악수하지 않고 필요하면 고립되는 것이야말로 지금의 연대 형태다. 그 누가 앞장서서 악수와 포옹을 계속할 여유가 있겠는가?[9]

8 위의 책, 55.
9 위의 책, 99.

인도에서 토종 종자 보전과 유기농 농법 확산을 위한 운동 기관으로 나브다나(Navdanya)를 설립하여 앞장서고 있는 반다나 시바(Vandana Shiva)는 "모두를 위한 경제와 지구를 위한 민주주의"[10]를 주창한다. 그녀가 강조하는 '지구를 위한 민주주의'란 모든 사람이 국가, 인종, 피부, 종교, 성, 계급, 부 등의 모든 다름을 극복하고 지구의 일부분임을 의식하는 것이라고 한다. 지구촌의 모든 생명과 무생물은 서로 생명 망에 연결되어 있고, 모든 생명에게 자유를 보장하는 것이라고 한다. 탐욕의 경제가 아니라 생명을 살리는 경제로의 이행을 지향한다. 따라서 지구 민주주의는 '살림 민주주의'를 의미한다. 모든 생명 공동체가 상호 간에 존중하며 연대하고 협력하여 숲, 강물, 공기, 물, 음식, 종자 등에 어떤 일이 벌어질지 스스로 결정하는 것이다.[11] 시바는 언론이 쉽게 쓰고 있는 용어인 '바이러스와의 전쟁'의 허구성을 지적하고 진정 우리가 이겨야 할 바이러스는 문명 간의 적대 의식이나 개인, 집단 사이의 폭력과 배척과 두려움이라고 한다.

바이러스는 적이 아니예요. 바이러스는 죽일 수도 없습니다. 서로가 서로를 두려워하는 결과만을 만들 겁니다. 타인이 없으면 나도 살아남을 수 없어요. 이 두려움의 문화야말로 지금 가장 거대한 바이러스입니다.[12]

이스라엘의 석학인 유발 하라리는 다음 세상의 비전을 두 가지로

10 안희경, 『오늘로부터의 세계』(서울: 메디치, 2020), 206.
11 위의 책, 208-209.
12 위의 책, 210.

제시한다. 전체주의적 감시가 아니라 시민의 자율권을 이루는 세상과 국가 이기주의적, 민족주의적 고립이 아니라 국제적 연대와 결속을 조성해야 할 것을 예언자적인 목소리로 외친다. 국가와 사회 여러 조직체와 교회가 새겨들어야 할 소리다. 물질주의와 소비주의와 신자유주의 바이러스에 전염된 정치와 경제와 문화와 종교가 이번 기회에 새롭게 포맷되고 리셋되어 삼위일체 하나님의 상호 의존, 상호 소통, 상호 사랑, 상호 공존, 상호 기쁨, 상호 위로 등이 국가와 조직과 종교의 가장 기본적이며 최고의 중심이 되는 세상이 오기를 꿈꾸며 함께 노력할 수 있기를 소망한다.

하나님의 선교는 국가, 세대, 계급, 특정 인종, 지역 등에 대한 혐오 감정이나 비합리적 논리를 극복하고 인류와 전 세계 교회의 연대적 협력을 강조해야 한다. 이러한 때에 더 절실히 요청되는 덕목은 십자가 영성이다. 십자가 영성은 지식, 경험, 기득권, 재정, 문화 등 모든 영역에서 자기를 포기하는 자기희생적 성육신 사랑의 실천을 장려한다.

4. 불안 증대에 따라 안전, 평화, 공존을 추구하는 지구 생명 공동체 형성

복음은 세계적, 우주적 차원의 진리다. 교회는 모든 인간적 경계선과 장애물을 뛰어넘는 생명 공동체다. 코로나19 감염병 이후의 세계는 안전과 평화와 공존이 공적 소비재화 내지 우선적 가치로 등장한다.

이러한 우선적 가치의 변화가 선교에 주는 도전은 예배 신학의 변화와 새로운 형태의 예배에 대한 창조적 계발이다. 교회가 앞장서서 오늘이 위기를 '예배의 위기'보다는/혹은 함께 '선교의 위기'로 인식하고 삼위일체 하나님의 선교에 더 적극적으로 참여해야 한다.

삼위일체 하나님의 선교는 자신의 정체성과 본질을 내려놓고, 성부 하나님이 성자 예수님으로 성육신하시고, 자기를 비어 십자가에 죽고 부활하심으로 인류 구원을 이루셨다. 성령님은 모든 막힌 담과 단절된 관계를 넘어 사람과 문화를 새롭게 변화하도록 임하셨다. 삼위일체 하나님의 선교는 자기 비움과 낮아짐으로 가난한 자, 병든 자, 갇힌 자, 사로잡힌 자, 소외된 자, 약자들에게 성육신하시고, 마침내 스스로 십자가를 지심으로 인류 구원의 길을 여셨다. 속히 예배가 회복되고 성도의 공동체의 교제와 친교와 나눔과 사귐이 회복되기를 바라는 마음이 간절한 것처럼, 세상 사람들과 더불어 서로 나누고, 서로 돕고, 서로 배우고, 서로 축하는 공생을 이루는 기회로 이 어려움의 시대를 살아가야 하겠다.

> 대면 예배를 못 드리는 것보다 더 가난한 자영업자들의 몰락을 슬퍼하는 목사, 교회가 출현할 때이다. 교회보다는 온 인류의 생존공동체 전체의 안전, 평화, 생존과 번영을 위해 기도하는 지구 공동체의 대제사장 역할에 더욱 충실할 때이다.[13]

"예배는 선교로 흘러넘쳐야 하고, 선교는 예배로 마무리되어야

---

13   김회권, "포스트 코로나 신학 도전과 응전."

한다."라는 말처럼, 지금은 선교 기회로 팬데믹 기간을 선용해야 한
다.

둘째, 삼위일체 하나님의 선교는 하나님 사랑, 이웃사랑이다. 하
나님 사랑의 극치는 예배로 표현된다면, 이웃사랑의 최고치는 선교
의 실천으로 드러난다고 할 수 있다. 고대교회에 전염병이 세상을 휩
쓸었을 때 기독교인들은 가족들도 외면했던 시신들을 거두어 장례를
치러줌으로써 세상의 빛과 소금이 되었다. 기독교 선교역사학자인
허버트 케인에 의하면 "무기는 없어도 진리를 가지고, 깃발은 없어도
사랑을 가지고 단순한 마음과 친근한 태도로 예수님을 따르는 사람
들은 산과 바다를 건너 제국 사방으로 다니면서 어디에 가든지 자기
들이 발견한 새로운 신앙을 가족과 친지와 이웃에게 맘껏 전달했다."
라고 한다. 진리와 사랑! 이것은 기독교적 삶의 방식이고, 선교의 실
천 양식이다.

5. 과거의 잘못된 관행을 성찰, 회개하고 새로운 대안 모색

지젝은 공포와 두려움과 분노가 가득 찬 코로나바이러스에 찌든
사람들 사이에서도 희망의 씨앗을 기를 수 있다고 말한다. 그것은 지
난날의 이기적, 자기중심적 가치와 태도를 극복하는 자기 성찰과 회
개로부터 시작해야 함을 의미한다고 본다. 지젝은 이탈리아 역사가
인 카를로 긴즈부르그의 "자신의 나라를 사랑하는 것이 아니라 부끄
러워하는 것이 그 나라에 소속됨을 나타내는 진짜 증표일 수 있다."[14]
라는 말을 인용하면서 다음과 같이 마땅히 인간으로서 마땅히 가져

야 할 양심의 소리와 수치심을 제기한다. 코로나19 위기로 인해 발생한 대중적 분노가 오히려 공정하고 정의로운 대안 사회를 이루는 계기로 작용할 것으로 기대한다.

> 어쩌면 지금과 같은 고립과 강요된 침묵의 시국에 어떤 이스라엘 사람들은 네타냐후와 트럼프가 자신들을 위해 행한 정치에 대해 부끄러워할 용기를 낼지도 모른다. 당연히 자신이 유대인이라는 사실에 수치심을 느낀다는 의미는 아니다. 그게 아니라, 요르단 강 서안지구에서 이스라엘 정치계가 하는 짓, 유대주의 자체의 가장 귀중한 유산에 행하는 짓들에 수치심을 느낀다는 뜻이다. … 중국에서 정말로 수치심을 느껴야 하는 유일한 사람들은 자신은 과잉보호하면서 감염병의 위험을 드러내놓고 깎아내렸던 인간들이다. 그자들은 마치 체르노빌 사태를 놓고 아무런 위험이 없다고 공개적으로 주장했으면서도 자신들의 가족은 재빨리 대피시킨 옛 소비에트 공무원들, 혹은 지구 온난화를 공공연하게 부정하면서도 이미 뉴질랜드에 저택을 구입했거나 로키산맥에 피난처를 짓고 있는 고위급 관리와 같아. 어쩌면 이런 이중적 잣대를 가진 존재들에 대한 대중적 분노 … 가 이 위기의 뜻하지 않은 긍정적 효과를 만들어 낼지도 모른다.[15]

---

14 Slavoj Zizek, 『팬데믹 패닉: 코로나19는 세계를 어떻게 뒤흔들었는가』, 79.
15 위의 책, 79-80.

III. 지역교회의 선교 방향

1. 코로나19라는 비상한 위기 상황은 교회가 '예배의 위기'보다는 '선교의 위기'로 인식하고 삼위일체 하나님의 선교에 더 적극적으로 참여해야 한다.

삼위일체 하나님의 선교는 자신의 정체성과 본질을 내려놓고, 성부 하나님이 성자 예수님으로 성육신하시고, 자기를 비어 십자가에 죽고 부활하심으로 인류 구원을 이루심에 토대를 둔다. 성령님은 모든 막힌 담과 단절된 관계를 넘어 사람과 문화를 새롭게 변화하도록 임하셨다. 삼위일체 하나님은 자기 비움과 낮아짐으로 가난한 자, 병든 자, 갇힌 자, 포로 된 자, 소외된 자, 약자들에게 성육신하시고, 마침내 스스로 십자가를 짐으로 인류 구원의 길을 여셨다. 속히 예배가 회복되고 성도의 공동체의 교제와 친교와 나눔과 사귐이 회복되기를 바라는 마음이 간절한 것처럼, 세상 사람들과 더불어 서로 나누고, 서로 돕고, 서로 배우고, 서로 축하는 공생(콘비벤츠)을 이루는 기회로 이 어려움의 시대를 살아가야 하겠다. 지금은 선교 기회로 팬데믹 기간을 선용해야 한다.

2. 교회의 본질인 선교에 관한 신학적 확신을 도모하고, 교회의 존재 이유와 실천 행동을 하나님의 선교라는 관점에서 재정립해야 한다.

　코로나19 사태에 대한 교회의 대응은 온-오프라인 예배, 가정
예배, 온라인-디지털 교회, 다양한 영상 콘텐츠 개발 등의 차원에 머
물 것이 아니라 보다 근본적인 변화를 감행해야 한다. 새롭게 등장하
는 사회와 체제와 문명 속에서 교회의 본질을 회복하고, 그러한 교회
의 본질을 하나님의 선교라는 대전제 아래 세상에서 구체적으로 실
현할 것인지에 대해 고민해야 한다. 코로나19는 교회의 존재와 사역
에 대해 근본적인 문제를 제기한다. 교회의 본질과 핵심 가치가 무엇
이냐는 질문에 바른 성경적, 복음적 대답을 해야 한다. 위기는 새로
운 패러다임을 잉태한다. 생각과 행동의 재정의가 일어나야 한다.[16]

　교회가 본질에서 선교라는 말은 이미 오래전부터 회자했지만 한
국교회는 여전히 인식과 행동에서 교회의 선교적 본질을 구현하지
못하고 있는 것 같다. 타 문화권에 얼마나 많은 선교사를 보내고 후
원하느냐는 묻는 게 아니다. 국내든 타 문화권이든 교회의 존재 이유
가 바로 선교여야 하고, 교회는 '하나님의 순례하는 백성'으로서 세상
에서 '성례, 표적, 도구'가 되어야 마땅하다는 말이다.[17] 이러한 선교
적 교회가 될 때 교회는 온 세상의 소망이요 "구원의 확실한 씨앗"이
된다. 선교적 교회는 코로나19 시대가 제기하는 언택트, 뉴노멀의 문
화적 적응을 넘어 교회의 본질을 해롭게 인식해야 한다.

16　David Bosch, *Transforming Mission : Paradigm Shifts in Theology of Mission*, 김만태 역, 『변화하는 선교』(서울: CLC. 2017). 31.

17　위의 책, 578-604.

3. 선교적 교회로서 한국교회는 핵심 가치를 '공교회성'과 '공동체성/연대성', 그리고 사랑, 정의, 생태, 평화 등의 '공공성'을 실천하는 교회가 되고, 그러한 실천을 통한 선교적 사명을 다해야 한다.

"하나의 거룩한 보편적 사도적" 교회를 소중한 역사적인 신앙 고백으로 공유하는 교회는 '공교회성'과 '공동체성/연대성', 그리고 '공공성'이라는 본질적인 차원의 회복이 필요하다. 교회의 모임은 단지 예배를 드리는 종교적 모임으로 제한할 수 없고, 세상의 대조 사회로서의 진정한 공동체가 교회임을 보여 주어야 한다. 선교가 삼위일체 하나님의 선교라는 말은 상호 내주, 상호 교제, 상호 사귐 등의 의미로 해석할 수 있듯이 교회의 선교는 사랑, 정의, 생태, 평화 등이 실현되는 세상을 만드는 데 앞장서고 끝까지 사명을 완수해야 한다는 의미가 있다.[18]

코로나19 팬데믹은 무엇보다 사회 공공성의 중요성을 각인시켰다. 개인이든 집단이든 사회 구성원은 서로의 행동에 생명이 오가는 책임성이 있음을 인식시켰다. 교회를 포함하여 사회의 모든 주체는 공적 책임이 있고, 공익성, 공평성, 공공성, 시민성, 공개성 등이 중요한 덕목으로 간주되었다.[19] 교회의 공동체성이란 교회 내부자들의 친교와 교제와 상호 이익만을 위한다는 의미가 아니라 타자와 이웃을 섬긴다는 의미를 지닌다. "타자와 함께 하는 공동체로서의 교회"

---

18 이도영, 『코로나19 이후 시대와 한국교회의 과제』(서울: 새물결출판사, 2020).
19 최동규, "코로나19 사태로 인한 뉴노멀 시대의 목회," 『선교와 신학』 52 (2020): 185-86.

는 하나님의 피조물인 인간과 동물과 자연을 다 포함하는 생명 공동
체성을 의미한다.[20] 공동체성과 공공성을 지향하는 전도와 선교는 무
슨 성장주의, 업적주의, 과시적 인기주의가 아니라 진정으로 타자를
섬기며 사랑하는 데서 출발해야 한다. 복음의 영향력은 공동체적 삶
을 통해 나타난다.

특히 새로운 형태의 공공성과 공동체성을 신장하는 선교는 국내
든 타 문화권이든 관계없이 창조 세계를 돌보는 생태선교를 지향해
야 한다. 효율성과 효용성을 내세운 자본주의 세계 경제가 낳은 비참
한 현실이 바로 코로나19라고 할 때, 땅과 세계에 대한 청지기로서
인간은 겸허하게 생태 신학을 정립하고 생태선교를 실천해야 한다.
제레미 리프킨(Jeremy Rifkin)은 기후 변화가 낳은 지구 온난화로 인해
코로나19라는 세계적인 감염병을 발생시켰다고 지적한다. 기후 변화
의 원인 물순환 교란으로 인한 생태계 붕괴, 인간의 야생 지역 침범,
그리고 서식지 파괴로 인한 야생동물의 이동 등이다.[21] 동물학자인
최재천의 지적처럼 향후 또 어떤 변종 바이러스가 나타날지 모르는
상황에서 인간이 실험실에서 만들어 내는 "화학백신"이 아니라 생태
계와 자연환경을 잘 보전하는 "행동백신"과 "생태백신"이 훨씬 더 효
과적이라고 한다.[22]

---

20   방선기, 신광은, 『미션디모데』(서울: 두란노, 2019), 310.

21   Jeremy Rifkin, "화석 연료 없는 문명이 가능한가," 안희경, 『오늘부터의 세계』(서울: 한영, 2020), 20.

22   최재천, "생태와 인간," 최재천 외, 『코로나 사피엔스』(서울: 인플루엔셜, 2020), 14-43. 이규대, "코로나19 팬데믹 상황과 아시아 선교," 161-62.

4. 세계 교회와 우정 선교(동반자 선교)를 도모해야 한다.

선교사 중심의 교회 개척, 신학교 설립과 운영, 의료, 사회복지 등의 다양한 선교 실천에 강점을 보였던 한국교회 선교는 코로나19로 급속히 이양해야 할 위기에 처해있고, 사역 초기부터 이양을 염두에 두고 사역을 해 온 선교는 큰 무리 없이 현지화하여 자립, 자치, 자전, 및 나눔을 실현할 수 있을 것이다.

우정 선교는 선교사 간의 우정은 물론이고 당연히 현지인/현지 교회와 우정을 의미한다. 삼위일체 하나님의 선교에 참여하는 우리의 선교는 현지인과의 참된 사랑과 우정에 대단한 열정으로 헌신을 해야 한다. 삼위일체 하나님의 선교는 요한복음의 선교관의 핵심이다. "아버지는 아들을 보냈으며, 이제 아들은 제자들을 보내는데, 아들은 제자들에게 성령을 주어 보낸다. 예수의 제자들은 예수의 가르침을 따름으로 예수와 예수의 사랑 안에 거할 때, 서로 사랑하며 일치된 목적을 가질 때 선교 사명을 띠고 세상에 보냄 받는다." 진정한 사랑의 관계성을 형성할 때 하나님의 선교에 동참하게 됨을 일깨워 준다. "요한복음은 세상에 대한 공동체 내부적인(…) 사랑과 선교를 강조함으로 한편으로는 예수의 제자 공동체에 대해 다른 한편으로는 예수를 믿지 않은 자들에 대해" 용기와 자발성을 가지고 자기에게 불이익이 오더라도 선교를 실천할 것을 요청한다.

'우정'을 통한 선교 혹은 교우관계를 통한 우정 선교의 모범을 보여 준 마태오 리치의 사례는 오늘날 우리에게 시사하는 바가 크다고 본다. 그의 교우론의 근본은 중국인들의 관계성과 우정의 중요성 때문만이 아니라 배제가 아니라 포용을 지향하는 성경적 가치관과 예수님의 성품과 말씀에서 유래한다고 할 수 있다. 그는 우정 선교를 통해 중국인들의 전통적이며 관습적인 사회관계의 범주를 뛰어넘어 폭넓은 관계의 망을 확장하였다. 그가 보여 준 복음의 포용력은 열린 마음과 수용적인 환대로 실천되었으며, '우정의 순교자'로 일생을 마침으로 오늘날 우리에게 주는 의미가 크다.

1910년 에딘버러선교사대회에서 예언자적 목소리를 냈던 아자리아(V. S. Azariah)의 절규에 100년이 지난 오늘날 글로벌 교회와 선교가 주의 깊게 귀를 기울여야 한다. "여러분들은 가난한 사람들에게 물질을 주었으며, 여러분들의 몸을 불사르게 내어주었다. 우리는 또한 사랑을 원한다. 우리에게 친구를 주시오!" 글로벌 선교 시대에 새롭게 요청되는 우정은 문화 간의 다리를 놓는다. 우정 선교는 "목소리를 상실한 사람들에게 그들의 소리를 내게 하는" 선교와 성육신적 선교 실천을 가능하게 한다. 아울러 글로벌 우정은 하나님의 선교에 참여하는 모든 지체의 변혁을 이루는 길이 된다. 이것은 상호 평등한 관계 속에서 상호 간의 변혁을 이루는 길을 말한다.[23]

드에인 엘머(Duane H. Elmer)는 『문화의 벽을 넘어 현지인과 친구되다』라는 책에서 타 문화권 사람들과 친구가 되는 여섯 가지 태도를 제시한다. 그 태도란 타인을 그대로 받아들이는 열린 마음, 타 문화권 현지인의 인격과 문화를 존중하는 마음을 표현하는 용납, 관계 속에서 믿음을 구축하는 신뢰, 자신을 변화시킬 정보를 수집하고, 성경적 기초를 바탕으로 타인을 알아가는 학습, 타인의 눈으로 바라보는 훈련을 하는 이해, 그리스도에게 대하듯 타인을 대하는 섬김이라고

---

23 김영동, 『우정의 선교 열정을 붙잡다』(서울: 케노시스, 2019).

한다.[24] 이러한 성품과 태도로 타 문화권 현지인과 친구가 되어 우정이 깊어지면 결국 복음으로 변화된 현지인이 하나님의 친구가 되어 세상의 빛과 소금이 되는 선교의 재생산이 이루어질 것이다. 이것은 성령의 인도하심 가운데 일어나는 선교의 신비이다.

5. 비대면 커뮤니케이션의 일상화와 ICT(정보, 통신, 기술)의 발달로 비대면 역량 강화로 세미나, 연장 교육, 신학교 교육, 제자훈련, 성경 공부 등을 개발해야 한다.

온-오프라인(All Line) 병행의 다양한 선교 사역을 개발하지 않으면 향후 선교의 영역과 사역의 기회가 대폭 줄어들 가능성이 농후하다. 아직도 세계의 많은 지역은 인터넷 사정이 원활하지 않아 온라인 소통과 교육을 통한 선교 기회가 제한된 것은 사실이다. 그렇지만 4차 산업혁명이 앞당겨 실현되는 상황 변화는 선교의 새로운 창의적 접근을 요구한다.

코로나19 이전에 이미 중국, 인도 등에서 선교사 입국 금지 조치가 내려졌고, 종교 간의 갈등이나 폭력 사태로 선교의 기회가 줄어드는 차에 코로나19는 그러한 선교의 축소를 더 가속화하였다. 따라서 비거주, 비대면 선교 사역의 활성화를 도모해야 한다.

---

24 Duane Elmer, *Cross-Cultural Servanthood : Serving the World in Christlike Humility*, 윤서연 역, 『문화의 벽을 넘어 현지인과 친구되다』(서울: 예수전도단, 2009).

6. 건물 중심 선교에서 사람 중심 선교로 전환해야 한다.

여전히 교인들 가운데는 선교지에 교회 개척이나 예배당 건축을 선교의 면류관처럼 생각하는 경향이 있다. 이것은 선교의 가시적인 효과나 업적을 중시하는 데서 나왔다고 본다. 다른 말로 하면 선교의 목표를 혼동하는 데서 나온 것이다. 선교의 목표는 한 영혼이라도 구원하기 위해 기도와 물질과 노력을 다해야 하고, 구원받은 영혼들이 모여 사랑의 공동체를 이루는 교회를 이루어서 세상의 빛과 소금이 되는 것이다. 그런데 예배당 건축을 마치 선교의 금자탑인 양 중시하고, 제자 양육이나 신학교에서 미래 목회자와 선교사를 양성하는 일은 선교에 그리 중요하지 않은 일처럼 생각하는 경향이 없지 않은 것은 시급히 교정되어야 한다.

7. 코로나19와 이후의 초연결 사랑 선교의 실천이다.

사람 중심 선교의 핵심 가치는 사랑이다. 삼위일체 하나님의 선교는 하나님 사랑, 이웃사랑이다. 하나님 사랑의 극치는 예배로 표현된다면, 이웃사랑의 최고치는 선교의 실천으로 드러난다고 할 수 있다. 고대교회에 전염병이 세상을 휩쓸었을 때 기독교인들은 가족들도 외면했던 시신들을 거두어 장례를 치러줌으로써 세상의 빛과 소금이 되었다. 기독교 선교역사학자인 허버트 케인에 의하면 "무기는 없어도 진리를 가지고, 깃발은 없어도 사랑을 가지고 단순한 마음과 친근한 태도로 예수님을 따르는 사람들은 산과 바다를 건너 제국 사방으로 다니면서 어디에 가든지 자기들이 발견한 새로운 신앙을 가족과 친지와 이웃에게 맘껏 전달했다."라고 한다. 진리와 사랑! 이것은 기독교적 삶의 방식이고, 선교의 실천 양식이다. 하나님의 선교가 목표로 하는 하나님 나라는 하나님의 사랑에 의한 지배(통치)를 말한다.

예배가 심각한 도전을 받고 있다고 해서 종교의 존재나 의의가 없어지는 것은 아니다. 위기 시대 종교의 역할은 더 중요하다. 교회는 지금 전염병으로 팽배한 위기감, 불안감, 공포심을 해결해야 한다. 과학 기술이 아무리 발달해도 그것이 인간의 영혼 구원과 마음의 평안을 주는 구세주가 될 수는 없다. "기계는 마음도, 영혼도, 신념도 없어요. 반면 인간은 영혼과 신념과 가치관을 가집니다." "인류가 존중받으려면 LQ, 즉 애정 지수(Love Quotient)가 높아야 합니다. 기계는 절대 가질 수 없는 자질이죠." 세상은 전염병으로 새로운 혁명을 앞당기고 있다. 우리 기독교와 교회, 신자들은 다시금 복음의 본질을 회복하고 세상 사람들에게 평화와 기쁨과 아름다움의 소식을 전하고, 그러한 삶을 공유해야 할 것이다.

중세 흑사병 이후, 4억 5천만 명에서 1억이 죽고 3억 5천만 명으로 축소되었다고 한다. 아이러니하게도 그 이후 다양한 사회적, 기술적 변화를 초래했다. 예술의 부흥과 혁신을 이루었고, 인간 중심의 관점이 확산하는 르네상스, 즉 문예부흥이 시작되었다. 우리는 지난날의 과도한 소비와 무절제한 사치와 이익 중심의 경제체제에서 야기된 기후 변화와 생태계 파괴에 대한 하나님의 경고를 겸허히 받아들여야 하겠다. 창조 질서 파괴를 회개하고 새로운 가치의 혁명, 절제와 겸손의 생활 혁명, 모든 피조물의 생명 연대와 살림의 경제 혁명을 이루어내어야 하겠다. 언택트 사회는 초연결 사회와 반대말이 아니라고 한다. 비록 언택트 사회의 도래로 혼란을 겪고, 예배와 교회의 존재 양태가 많은 위기를 당하고 있지만, "초연결 사회는 과거에는 하지 못하고 알지 못했던 것을 더 빨리, 더 많이 알게 만든다. 우린 초연결을 통해 더 편리해지고, 더 풍요로워지고, 더 안전해질 수 있다". 참된 초연결은 4차 산업혁명만이 아니라 창조주 하나님의 뜨거운 사랑에 접속된 그리스도인들 사랑의 혁명으로 가능해질 것이다.

언택트 사회가 되어도 우리는 여전히 사회적 동물이고, 종교적 구원을 염원하는 존재다. 우리 믿는 신자들은 불안과 두려움과 실의에 찬 이웃과의 신뢰와 연결을 모색함으로써 하나님의 마음에서 나오는 사랑과 우정의 선교를 이룰 수 있다. 멀리 타 문화권에 못 가더라도 가까운 이웃에게, 매일 접촉하는 마을 사람들에게 이웃사랑을 실천할 수 있다.

8. 안전한 중간지대 공간을 마련하여 전도와 선교의 장으로 활용한다.

코로나19는 공간의 양극화를 초래했다. 대면 공간과 비대면 공간의 양극화는 심각하다. 물리적 공간과 사이버 공간은 서로 경쟁하는 것처럼 혼란스런 틈을 타고 전도와 선교를 위협한다. 과거에는 사이버 공간이 물리적 공간의 보조 수단 혹은 병행 공간처럼 사용되었으나 이제는 사이버 공간으로 무게 중심이 옮긴 것처럼 보인다. 특별히 교회 전도와 선교 관점에서 눈여겨보고 잘 적용해야 할 공간은 컨택트 공간과 언택트 공간 외에 제 삼의 공간의 대두이다. 제 삼의 공간이란 새로운 형태의 주거, 문화, 교육, 관계 공간의 출현이다. 공간의 양극화를 넘어 공간의 '다핵구조'가 등장하게 될 것으로 보는데, 이때 가장 중요한 키워드는 안전과 접근성과 휴식을 보장하며, 그 어떤 차별이나 계층을 조장하지 않는 공간의 필요성이 제기된다.[25] 공간의 '다핵구조'화는 "'100만 권' 도서관보다 1만 권짜리 도서관 100개 만드는 게 낫다"[26]라는 유현준의 말처럼 교회도 '다핵구조'화 해야 한다고 본다. 즉 대형 예배당이나 건물 중심의 선교와 전도 보다는 안전과 쉼과 교제를 용이하게 하는 중간지대 혹은 중간적인 공간을 마련해서 비대면 예배와 교제와 전도의 공간으로 활용해야 한다. 가장 바람직한 것은 안전을 담보하는 가정집이나 커피숍 등의 공간에 2-3가정이 모여서 비대면 겸 대면 주일 예배를 함께 드리고, 교제하며 소그룹 속에 아직 예수를 모르는 미신자들을 초대하고 삶과 신앙을 나누는 것이 필요하다.

한 사람이 태어나 사춘기를 지나면서 신체와 정신과 영적인 자아가 성숙해지는 것처럼 미신자 한 사람이 예수를 구세주로 발견하고 믿게 되는 데에도 중간 영역이 필요하다고 본다. 출생, 성년식, 결혼, 장례 등 통과의례는 비교적 안정된 시기를 지나 또 다른 시기로 넘어가는 전환기적인 중간 혹은 경계 영역(liminality)을 가진다. 전환(transition)은 일종의 과정(process), 되어감(becoming), 변혁(transformation)

---

25 http://news.khan.co.kr/kh_news/khan_art_view.html?art_id=202011092147005#csidx727b11cd04f30de992369bd3e99d0ea

26 위의 사이트.

의 의미를 가진다. 특히 사춘기의 전환은 분리와 집합의 의례를 가지
는데, 일반적으로 중간 혹은 경계 영역은 이도 저도 아닌, 어중간한
영역(betwixt and between)이지만 통과의례의 한 단계에서 다음 단계로
나아가는 데 중요한 것으로 간주된다.[27]

미얀마 최초의 선교사였던 아도니람 저드슨(Adoniram Judson
1788-1850)이 예배당을 지어놓고 사람들을 초청했을 때는 마을 사람
중 한 사람도 가지 않았지만, 마을 사람들이 자연스럽게 모이는 자얏
(zayat)을 마련하자 사람들이 찾아오기 시작했다. 원래 자얏은 불교도
들이 가르침을 받고, 묵상하는 공간이었는데 저드슨은 기독교인을
위한 자얏을 만들어서 전도의 중간지대로 삼았다. 아나나 다를까 자
얏을 만든 지 한 달 후에 마웅나우(Maung Naw)라는 청년이 회심하게
되었다. 때는 1819년 6월, 저드슨이 미얀마에서 선교를 시작한 지 6
년 만에 첫 세례자가 탄생하게 되었다.[28] 마치 한국의 옛 사랑방이나
마루 같은 공간이 교회에도 필요하다. 교회의 사회적 신뢰도 저하와
코로나19 감염병에 대한 불안과 두려움 등으로 사람들을 교회 예배
당으로 바로 인도하는 전도와 선교는 이제 시대착오적이라고 할 수
있다.

이민형은 가정에서 성전 혹은 성스러운 공간 만들기를 제안하는
데 필자의 관점과 일맥상통한다.[29] 하지만 한 가정을 위한 가정 내 성

---

27   Victor Turner, *The Forest of Symbols: Aspects of Ndembu Ritual* (Ithaca and London: Cornell University Press. 1981), 93-111.

28   Courtney Anderson, *To the Golden Shore : The Life of Adoniram Judson*, 이기섭 역, 『아도니람 저드슨의 생애: 미얀마 황금 해안을 복음으로 정복한 미국인 최초의 선교사』(서울: 좋은씨앗. 2009), 280.

29   이민형, "가정에서 성전 실현하기," 포스트 코로나와 목회연구학회, 『비대면 시대의 '새로운' 교회를 상상하다』(서울: 대한기독교서회, 2020), 57-75.

전 실현하기로는 아직 예수를 모르는 이웃이나 타인을 전도하는 데
는 부족하다. 오히려 같은 아파트나 빌라 혹은 이웃집에 사는 사람들
이 코로나19에 안전하다는 인식하에 함께 모여 비대면 예배를 함께
드리고, 교제하며 기도하고 서로 신앙을 북돋우는 소그룹 가정교회
형태로 모인다면 전도의 창조적 공간이 될 것이다.

Ⅳ. 나오는 말

위기 상황에서 교회는 먼저 회개할 것을 회개하고, 교회가 진리
와 영으로 예배하며 세상에 참여하고 있는지 반성해야 한다. "정상적
인 종교는 옳은 시민적 삶에 대한 지침과 가이드를 생산하는 '문화의
저장소'"라고 한다. 경제적, 사회적, 문화적, 종교적 약자에 대한 차
별과 배제의 바이러스를 물리치고, 삼위일체 하나님의 아름다운 공
동체를 파괴하는 맘몬적 물질주의와 현세적 육체주의라는 세계적 팬
데믹 바이러스를 방역하고 소멸시켜서 세상을 살리며 세상과 함께
상생하는 삶을 예배의 열매로 맺고, 세상을 사랑하여 스스로 십자가
를 지신 삼위일체 하나님의 선교에 참여하는 교회의 선교가 되도록
힘쓰고 애써야 하겠다.

장로회신학대학교 개교 120주년 기념 목회자세미나
포스트 코로나 시대의 목회

대담

진행

이규민 교수
| 장로회신학대학교 대학원장, 개교120주년 학술분과장 |

대담자

김경진 목사 | 소망교회 |
김주용 목사 | 연동교회 |
이전호 목사 | 충신교회 |
지용근 대표 | 목회데이터연구소 |

- 가나다 順 -

이규민 교수   목회자세미나에 함께해 주신 모든 분들께 감사의 말씀을 드립니다. 보시는 대로 우리 장로회신학대학교 120주년 기념 목회세미나는 1부와 2부로 구성되어 있습니다. 1부는 네 영역의 주제 강사가 강의를 하셨고, 2부는 목회자와 전문가 네 분을 모셔서, 앞의 강의에 대한 응답과 실제 목회현장에서 어떻게 실천할 수 있는지 말씀을 듣고 나누도록 하겠습니다. 패널대담은 조금 더 자유롭게, 생동감 있게 가려고 합니다. 우리가 처한 목회현장과 삶의 이야기를 자유롭게 나누면 좋겠습니다. 먼저 오늘 패널 분들을 잠시 소개하고자 합니다. 예배와 설교 전문가이신 소망교회 김경진 목사님, 또 전도와 선교 전문가이신 연동교회 김주용 목사님, 다음 세대 교육 전문가이신 충신교회 이전호 목사님, 그리고 마지막으로 데이터 전문가이신 목회데이터연구소 지용근 대표님이 자리해 주셨습니다. 뜨거운 박수로 맞아주시길 바랍니다. 한 분 한 분이 너무 소중한 분들이신데요, 이제 돌아가면서 간단한 인사와 근황을 들려주시면 좋을 것 같습니다.

김경진 목사   네 안녕하세요. 김경진 목사입니다. 목사라는 말이 조금 더 어색한, 원래 교수로 계속 학교에서 있었는데, 이제 목회지로 가서 목회를 시작한 지 3년 정도 되어가고 있습니다. 가서 한 1년 정도 목회를 하고, 그리고 바로 코로나19가 왔어요. 그래서 아직도 저희 교인들 얼굴을 잘 파악 못 하고 있는 상태입니다. 1년 동안 얼굴을 보고 겨우 알 뻔했는데 다 마스크를 쓰고 계셔서... 앞으로 마스크를 벗는 날이 오면 제가 다시 인사를 드리며 얼굴을 익혀야겠다는 생각을 합니다. 여러분 반갑습니다.

지용근 대표　　　　　　　네 안녕하세요. 전 목회데이터연구소를 운영하고 있는 지용근입니다. 저희 연구소 연구물이 지지난 주에 100호가 넘었습니다. 저는 학교를 졸업하고 계속 통계 쪽 일을 했습니다. 2010년 6월에 시작했어요. 코로나19가 시작되고서 갑자기 목사님들이 데이터에 관심이 많아지셔서, 제가 많은 일을 하고 있습니다. 초청강의도 하고 매주 약 12,000-13,000명의 목회자들께 목회데이터 보고서를 보내드리고 있습니다.

이전호 목사　　　　　　　저는 충신교회 이전호 목사입니다. 제가 충신교회를 사역한지는 올해 11년째입니다. 지금 제 고민은 '코로나 사태가 끝났을 때 우리 교인들이 다 올 수 있을까?' 그게 현실적인 고민입니다. '다시 교회로 돌아올 수 있도록 하기 위해서 지금 뭘 할 수 있을까?'라는 고민을 가진 제가 이번 세미나를 통해 많이 도움을 받고 있습니다. 감사합니다.

김주용 목사　　　　　　　안녕하십니까? 저는 연동교회 김주용 목사라고 합니다. 저도 이제 3년 차가 됐고요, 첫해는 교회 적응하고, 두 번째 해는 코로나 적응하고, 지금은 '포스트 코로나, 코로나 이후에 어떻게 목회하고 성도님들을 만날 수 있을까? 어떻게 하면 건강하게 다시 모일 수 있을까?'를 고민하면서 기도하고 있습니다. 오늘 좋은 시간 되었으면 좋겠습니다, 감사합니다.

이규민 교수　　　　　네, 고맙습니다. 1부 강사이신 교수님들이 참 좋은 강의를 해 주셨습니다. 예배와 설교 김운용 총장님, 목회돌봄 홍인종 교수님, 다음세대 교육 박상진 교수님, 전도와 선교 김영동 교수님, 이렇게 통찰이 있는, 깊은 강의를 해 주셨는데, 이것을 대담을 통해 녹여낼 수 있기를 바랍니다. 이를 위해 우리가 사전 모임을 하며 토의를 했고, 서로 SNS를 통해 커뮤니케이션을 하며 논의하기도 했는데요, 네 분야의 발제와 관련해서, 각 패널 분들 역시 전문가이시니까, 각 영역에 대한 응답을 부탁드리고 또 목회 현장에서 어떻게 접목할 수 있을지 말씀을 해 주시면 좋을 것 같습니다. 이제 그 첫 번째 시작을, 포스트 코로나 시대의 예배, 포스트 코로나 시대의 설교에 대해서 소망교회 김경진 목사님께서 시작해 주시면 좋겠습니다. 여러분, 박수로 맞아주시기 바랍니다.

김경진 목사　　　　　오늘 김운용 총장님께서 발제하신 내용을 감동 깊게 살펴볼 수 있었습니다. 또 강의하실 때 오는 감동이 커서 역시 문자와 언어는 다르다는 생각도 했습니다. 가나가와 앞바다의 파도 그림을 보여주시면서 설명을 하셨는데, 이 시대가 얼마나 위태로운가를 생각하게 하는 그런 출발이었습니다. 그래서 너무 와닿는 시작이었습니다. 총장님께서 말씀하신 내용을 살펴보면 크게 두 가지 파트로 나눌 수 있는 것 같습니다. 첫 번째는 설교와 관련해 여섯 가지 중요한 말씀을 하셨고, 두 번째는 예배와 관련해서는 네 가지 정도의 내용을 정리해 주셨습니다.

말씀 중에 유발 하라리의 "이 폭풍은 지나갈 것이다. 그러나 지금 우리가 내리는 선택과 결단이 앞으로의 우리의 삶을 바꾸어 놓을 것이다"라는 말이 굉장히 마음에 와닿았습니다. 학교에서 가르칠 때는 목회 현장과 연결을 하고 있다고 생각을 했는데, 목회 현장에서 일을 해 보니까 상황이 정말 다르더라고요. 상황도 다르고 보는 관점도 많이 달라서, 예를 들면, 우리가 학교에 있을 때는 그냥 쉽게 학문적으로, 신학적으로, 그리고 논리적으로 판단을 하면 됐었는데, 교회 가서 예배든 설교든 어떤 프로그램이든 하려고 보면, '성도들은 어떻게 생각할까? 성도들은 어떻게 반응할까? 어떤 결과가 도출될 수 있을까? 이런 질문이 나오게 되니까 아무래도 할 수 있는 것과 할 수 없는 것에 대한 구분이 상당히 많이 있었던 것 같습니다.

그런 관점에서 우리 총장님의 글을 읽어 보며 기본적으로 굉장히 중요한 말씀을 하셨다는 생각을 합니다. 코로나 시대를 맞이하며 우리가 가진 첫 번째 생각은 "이것이 하나님의 형벌인가?"에 대한 의문이었습니다. 그리고 더 나아가 "이 위기 속에서 우리가 무엇을 해야 하는가? 하나님께서 무엇을 하라고 지금 우리에게 말씀하시는가?" 하는 관심이 있었습니다. 그런 관점에서 본질에 대해 언급하시는 총장님의 글은 '전적으로 동의가 되는 말씀들이다'라는 생각이 듭니다. 특별히 설교자가 가지고 있는 신비의 경험에 대한 이야기를 하셨고, 그 신비와 확신, 열정을 가지고 설교를 해야 한다는 말씀도 굉장히 동의가 되었습니다.

이런 위기 상황일수록 설교자가 본질에 다가가서 춤추는, 어찌 보면 설교자의 흥겨운 춤이라고 할까요? 열정적인 설교자의 노력과 확신, 그런 것들이 결과적으로 성도들에게 전달될 수 있을 것이라고 생각합니다. 그 부분에 전적으로 동의합니다만 현장에서 노력은 하는데, 실제로 온라인으로, 아무도 없는 곳에서 몇 사람, 한두 사람 앉아 있는 곳에서 말씀을 전하고 예배를 드리려다 보니까 실재적으로 정말 어려웠습니다. 모든 목사님들이 다 비슷하셨을 것 같아요. 아무도 없는 자리에서 혼자 예배를 드리며 열정을 찾아내고, 복음에 대한 확신을 유지한다는 것이 상당히 어려웠다는 것입니다. 그러나 총장님의 강연을 들으며 원칙을 다시 세울 수 있었습니다. 돌아보면 교회가 교회답지 못했고, 그리스도인들이 그리스도인답지 못했기 때문에, 교회의 품격을 잃어버린, 또 교회의 정체성과 그리스도인의 정체성이 상실된 것이 사실이기 때문에, 이런 코로나19라고 하는 위기가 아니었어도 우리 한국교회가 가지고 있는 문제 앞에서 우리 스스로를 성찰하고 원칙을 바로 세워야 한다고 생각합니다.

앞서 박상진 교수님께서 교회 문제의 "심화"라는 표현을 쓰셨던 것 같은데, 교회학교뿐만 아니라 전체적으로 예배와 설교에서도 같은 문제가 있다고 생각합니다. 그런데 이 코로나19라는 상황이 어찌 보면 우리의 문제를 더 분명하게 드러나게 했다는 면에서 이것은 우리에게 숙제라는 생각을 했습니다.

총장님의 강의 가운데 설교 부분을 보면 팬데믹(pandemic) 상황 속에서 교인들을 돌보고 상황을 해석해 주고 앞으로의 미래를 예견하며 이끌어갈 수 있는 돌봄과 위로, 격려와 소망의 공동체를 형성하는 설교사역이 필요하다고 주장합니다. 그래서 설교자 자신의 확신과 신비의 가장자리에서 춤추는 모습에서 교회 본질 회복, 코로나19

로 나타난 모든 문제에 관한 치유적이며 미래 대안적인 설교사역이 필요하구나라고 생각했습니다. 매우 중요한 말씀이라고 생각이 됩니다.

조금 아쉬웠던 점은 예배와 관련한 부분이었는데, 온라인 예배에 대한 부분이 조금 더 많이 다루어졌으면 하는 마음이 있었습니다. 예를 들면, 사실 현실적인 문제인데, 이미 총장님께서 이미 글을 그렇게 쓰시지 않기로 하셨기 때문에 당연한 문제라고 생각하긴 하지만, 온라인 성찬 문제와 같은 부분에 대해서 현장 목회자들의 고민이 있지 않았을까 하는 생각도 들었습니다.

뒷부분에서는 주일성수에 대한 문제를 다루셨는데, 참 어려운 상황이 됐습니다. 주일성수의 문제, 아까 이전호 목사님께서 "얼마나 돌아올지 모르겠다"는 말씀을 하셨는데요. 정말 목회자로서는 힘든 문제인 것 같아요. 모두가 다 같은 고민들을 하고 계실 것 같습니다. 그런데 이게 우리가 걱정한다고 될 것도 아니고, 걱정한다고 오는 것도 아니고, 그러니까 우리가 할 수 있는 것은 그분들이 다시 돌아올 수 있는 여건을 많이 만들어가는 방법밖에 없는 것 같습니다.

온라인 예배를 연 것도 그렇고, '앞으로 이것을 어떻게 수습해야 되는가?'하는 문제가 있는 것 같아요. 저희 소망교회 같은 경우는 다 아시겠습니다만, 제가 영상을 하나 틀어드릴까 하는데요, 저희 교회가 사실 처음 자발적으로 예배당 문을 닫았고, 그리고 온라인 예배 전환을 제일 먼저 선언했던 교회이기 때문에, 그런 상황에서 앞으로 다시 돌아올 때, 대면 예배가 지금 같이 병행되고 있습니다마는, 앞으로 돌아올 때 어떤 상황이 될 것인가에 대해서 우리가 대안을 같이 마련해야 하는 그런 책임감도 느끼는 교회이거든요? 그래서 '이것을 어떻게 잘 끌어낼 수 있을까?'하고 고민이 참 많습니다.

저희 교회가 처음에 온라인 예배를 드리기로 결정했을 때, 한 2-3일 정도 빗발치는 비난과 그리고 정말 듣기 힘든 이야기를 참 많이 들었습니다. 그래서 제가 결정을 하고 한 3일 정도 후에 '아, 이게 사표를 써야 하나 보다'는 생각이 들 정도로 많은 비난을 받았습니다. 특별히 제가 예배학자이기도 하기 때문에 예배 현장을 닫는다는 것은 참 고려하기 어려웠던 거였는데요, 저의 상황이 많이 힘들었습니다. 그래서 소망교회 같은 경우는, 조금 미리, 2월 23일 대통령께서 '심각' 단계로 발표하던 날이었는데, 저희는 미리 매뉴얼을 만들어 놓았고요, 중국에서 전염병이 발생한 다음에 매뉴얼을 만들어서 1월 25일, 그러니까 한 달 전입니다. 한 달 전에 당회에서 만약에 심각 단계로 올라갈 경우에 예배당을 닫을 수 있다는 내용을 통과를 한 상태였습니다.

그래서 미리 그런 것들이 준비되어 있기는 했었어요. 그러나 그것은 철저하게 방역 수칙에 따른, 그런 결정이었습니다. 그러니까, 당연히 일어나지 않을 것이라고 생각하고 만들었던, 하나의 매뉴얼인데 실제로 23일 대통령께서 발표를 하시고 난 다음에 3시간 만에 저희가 교회 문을 닫기로 결정을 했고, 그리고 바로 저녁부터 매스컴에 보도가 되었습니다. 그때 다른 교회들은 거의 결정을 못하고 있던 상황이었는데, 그러다 보니 매스컴은 저희 교회 이야기를 계속해서 했고요. 그리고 저희는 상당히 많은 비난을 받았습니다. 그런데 3일 만에 '신사참배' 이야기도 나오고, '뭐 이상한 목사가 왔다'부터 시작해서 여러 가지 이야기를 들었어요.

소망교회 예배 관련한 부분은, 온라인 예배로 전환을 하고 난 후,

다른 교회들은 그제야 닫을 거냐, 말거냐 가지고 씨름을 하고 있었습니다. 그때 많은 비난은 받았지만, 여론의 추이를 볼 수가 있었고, 세상 사람들의 평가를 느낄 수 있었습니다. 더 나아가 당회가 첫 번째 온라인으로 드려지는 헌금을 전액 대구·경북지역에 사용하자고 결의했습니다. 뉴스 내용을 잠시 보여드리겠습니다.

뉴스앵커   신도가 5만 명에 이르는 서울 강남의 초대형 교회인 소망교회가, 주일예배 중단을 결정했습니다. 서울 강남구 소망교회는 어제 첫 온라인 예배를 통해 걷은 온라인 헌금 3억 2천여만 원 모두를 대구 경북 지역에 기부한다고 밝혔습니다.

뉴스앵커   병상 부족 사태가 이어지자, 소망교회가 교회를 생활 치료 센터로 이용해달라면서 내부 시설을 내놓았습니다. 이곳은 원래 소망교회 수양관으로 운영되던 곳이었습니다. 생활치료센터는 7층 규모로, 1층부터 3층까지 직원과 의료진 40여 명이

상주하게 됩니다. 병상 부족에 따라 수도권 교회 일부는 수양관
과 기도원 등을 생활치료센터로 제공하겠다고 밝혔습니다. 하지
만 제가 나와있는 곳처럼 바로 센터로 사용하기에는 어려움이 있
습니다. 방마다 샤워실과 화장실을 갖춰야 하고, 직원과 확진자
의 동선도 확실히 분리돼야 하는 등, 정해진 조건이 있기 때문인
데요.

뉴스앵커   소망교회가 작은 교회와 협력해 성탄목을 만들어
지역과 따뜻함을 나눴다고 합니다.

시간이 많이 없을 것 같으니 이 정도만 하겠습니다. 뒤에 나오는
내용은 성탄목 트리를 함께 나누면서 작은 교회와 함께했던 내용인
데요. 우선은 여기 정도까지만 말씀을 드리고 나중에 이야기가 나올

때 제가 좀 더 설명을 드리도록 하겠습니다.

이규민 교수　　　　　네 감사합니다. 실제 사례와 함께 사회적인 영향을 다 볼 수 있는 좋은 말씀이었습니다. 감사합니다. 김주용 목사님이 시카고에서 선교학으로 박사학위를 하셨고 또 사회 선교에 대해 관심이 많으신데요. 이제 포스트 코로나 시대의 전도와 선교에 대해서 김주용 목사님이 말씀해 주시기를 바랍니다.

김주용 목사　　　　　PPT를 보여드리며 의견을 드리겠습니다. 신학교를 졸업하고 전임 사역 나갔을 때, 제가 모셨던 목사님이 첫 번째로 주셨던 지시가 귀신 들린 것으로 보이는 어린아이를 제가 기도해서 귀신을 쫓으라는 거였어요. 그런데 저는 신학교에서 그걸 배운 적이 없었거든요. 목회 현장에 가서, 신학교에서 배운 것을 적용하려고 하는 것이 너무나 힘들었던 경험들을 하면서 목회와 신학, 그리고 교회와 신학교에 대한 고민들을 굉장히 많이 했습니다. 이후에 20년 가까이 목회를 하고 있지만, 최근 코로나를 경험하면서 수많은 분들이 교회에서 예배나 성경공부를 하지 못하니까 온라인으로 참여하시면서 질문을 합니다. "이렇게 예배드리고 성경공부 하는 것이 맞는 겁니까?" 질문에 대해 신학에서 이야기하는 것들을 찾아보게 되면서 목회와 신학, 그리고 교회와 신학교가 뫼비우스의 띠처럼 계속해서 연결될 수밖에 없다고 생각을 하게 되었습니다.

　그 가운데 오늘 목회자 세미나를 통해 신학에 대한 이야기들을 먼저 듣고, 이후에 목회 현장에 대한 이야기를 하며 마치 뫼비우스의 띠처럼 연결되어 논의가 진행되는 것에 대해 한편으로 기쁘고 감사합니다. 그리고 이 신비를 잘 엮어야 할 책임이 우리 모두에게 있다고 생각합니다.

저는 김영동 교수님의 포스트 코로나 시대의 전도와 선교에 대한 부분을 살펴보았는데, 세 가지 정도를 생각하게 되었습니다. 첫 번째는 선교와 전도가 코로나 상황의 목회 현장에서 어려워졌다는 것입니다. 연동교회 같은 경우에는 2020년도 새가족이 코로나 이전 대비 30%밖에 오지 않았습니다. 2021년도 전반기가 끝나고 새가족 환영회를 했는데, 올해도 새가족은 30% 정도 선이었습니다. 그리고 현장 출석은 다 비슷하시겠지만, 방역지침을 지키며 2-3부 이상 예배를 드리니까 충분히 오실 것이라고 생각이 들지만, 그렇지 않은 것 같습니다. 평균 40% 많이 오실 경우에 출석률이 50%인데, 온라인으로 접속하신 분들 포함해도 100% 성도님들이 참석하지 않는 상황들을 경험하고 있습니다.

더불어 지용근 대표님께서 말씀하시겠지만, 교회와 그리스도인에 대한 대 사회적 이미지가 굉장히 떨어져서, 지역 사회로부터 교회가 굉장히 불신을 받고 있는 느낌을 현장에서 많이 느낍니다. 제가한 번은 목회자 옷을 입고 사택 아파트에서 엘리베이터를 타려고 들어갔는데, 한 모녀가 같이 엘리베이터를 타려고 하다가 제가 목회자옷을 입는 걸 보고 엘리베이터를 안 타시더라고요. 그때 교회에 대한불신이 얼마나 큰지를 느꼈습니다. 하나의 해프닝이지만 전도와 선교가 분명히 어려워진 모습들을 보여주고 있다고 생각했습니다. 또선교지 같은 경우에는, 여러분들이 이미 아시겠지만, 선교적 모라토리엄이 발생하고 있는데, 저희가 협력 선교하고 있는 쿠바 선교사님은 코로나가 터진 이후로 한 번도 쿠바에 들어가지 못하셨습니다. 중국은 선교사님들이 나오고 있고 대만에 가신 선교사님도 적극적인 선교를 하지 못하고 있는 상황입니다. 그래서 선교 자체가 어려운 상황에 빠져 있습니다.

두 번째는 선교의 영역이 넓어졌다는 김영동 교수님의 글을 읽으면서 많은 감명을 받았습니다. 선교신학은 선교의 범위를 한정 짓지 않는다는 점을 다시 한 번 상기하였습니다. 만물에 대한 구원과 만물을 향해서 가는 선교에 대한 논의를 토대로 생각해 보면, 코로나 시대는 어쩌면 선교신학의 본질적 목적을 우리에게 가르쳐주고 있지 않는가 하는 생각이 듭니다. 그래서 자연환경에 대한 우리의 태도가 어떠했는지, 또 기후 문제와 위생 문제, 혹은 동식물에 대한 우리의 관점이 선교 신학적으로 바른 것이었는지를 돌아보게 했습니다.

세 번째는 '포스트 코로나 시대에 걸맞은 뉴 트렌드 미션을 우리가 생각해야 하지 않을까?'하는 생각을 했습니다. 포스트 코로나 시대가 새로운 패러다임의 선교적인 사고를 가지고 접근해야 하지 않을까 싶습니다. 특별히, 예를 들어, 김영동 교수님께서 발표하셨던 자료에 보면 "생태선교"라는 표현을 하셨는데, 다양한 선교적 방법들을 고안해 현장에서 적용해야 하지 않나 싶습니다.

여기까지 김영동 교수님께서 해주셨던 발제를 제가 응답하는 차원에서 말씀드렸는데, 그러면 우리가 처한 목회 현장과 교회 현장이 선교와 어떻게 연결이 될 수 있을까라는 질문을 앞에 두고 저는 그 다리 역할을, 3D라고 하는 표현을 써서 Detail, Daum, Decision이라고 하는 세 가지를 키워드로 생각하면 어떨까 하고 나눠보고자 합니다.

Detail은 세밀화입니다. Daum은 포털사이트 Daum이 아니고

"무엇 무엇 다움" 그래서 "성도다움" "교회다움" "신학교다움"이라는
표현을 일컫습니다. 그리고 세 번째 Decision은 어떤 결단과 결심이
필요한 시대로 포스트 코로나 시대의 전도와 사역이 이루어져야 하
는 것이 아닐까 싶습니다. 먼저, Detail에 대한 부분을 말씀드리자
면, 포스트 코로나 시대의 선교와 목회 현장을 위한 보다 세밀화된
선교와 전도를 위한 태도가 필요하다는 생각이 듭니다. 예를 들어,
『2021 트렌드 코리아』라는 책에 "휴먼 터치"라는 이야기가 나오는데
인간적인 손길을 기술로 만들거나 기술을 최대한 인간적으로 만들겠
다는 것이 아니라 말 그대로 인간의 손길은 여전히 필요하다는 점을
강조하고 있다는 것입니다. 저희들이 코로나를 경험하면서 사실상 4
차 산업혁명에 대한 이야기를 일상에서 하게 되었거든요, 어찌 보면
굉장히 차가운 담론 같지만 그 가운데 휴먼 터치에 대한 이야기를 합
니다. 다시 말해, 4차 산업혁명이 인공지능이나, 기계화와 컴퓨터화
가 일상을 차지할 것이라고 하지만 실제로 그 내부에 들어가면 인간
의 세밀한 터치가 더 필요하게 될 것이라고 전망한다는 것입니다. 넷
플릭스 같은 경우에, 여러분도 유튜브 알고리즘에 따라서 선호하는
영상을 보시듯, 전 세계 수만의 사람들이 영상을 보고 그 영상에 관
련된 많은 태그(tag)들을 달아놓고 키워드를 달아놓습니다. 그러면 나
의 성형과 유사한 영상들을 찾게 합니다. 단순히 인공지능이 어떤 알
고리즘을 만드는 것뿐만 아니라 많은 인간 그룹과 함께 같은 취향이
있는 사람을 연결해 네트워크를 만들어 간다는 것입니다. 이런 부분
에서 세밀한 휴먼 터치가 이 4차 산업혁명 시대에 더 필요한 것이 아
닌가 생각합니다.
　　이런 부분을 선교와 목회현장의 전도 사역에 접근할 필요가 있다

고 생각하는데, 그 예로 저는 한 3주 전에 우리 목회자들과 같이 농활을 갔다 왔습니다. 부목사님 중 한 분이 농촌에서 일을 하고 계신 나이 드신 부모님을 도우러 매주 월요일 내려가는데, 그 이야기를 듣고, "우리 목회자들도 같이 가서 도와드리자" 해서 정말 오랜만에 줄모내기도 하고 깨도 심었습니다. 제가 왜 이걸 말씀드리는가 하면 저희들이 예전에 농활을 가면 청년들이 갈 수 있는 시간이나 교회가 할 수 있는 시간에 갔지만, 사실 농촌에서 필요한 거는 시도 때도 없다는 생각을 합니다. 마찬가지로 선교라든지 구제라든지 봉사도 그곳에서 필요할 때 교회가 움직이는 것이 필요하다 싶습니다. 코로나가 이것을 우리에게 깨우쳐 주지 않았는가 생각이 듭니다.

그리고 우리교회 연동복지재단이 있습니다. 연동복지재단에서 "소담도시락"을 저희가 정성껏 준비해서, 그 지역에 어렵게 사는 분들, 또 몸이 불편하신 분들에게 나눠드립니다. 직접 음식을 하지 못하는 분들이라든지. 그런데 도시락을 나눠드리는 자원봉사자들이 와서 어떤 피드백을 하는가 하면, 냄새가 너무 난다는 거예요. 어느 집에 가면 정말 사람 썩는 냄새가 난다. 그래서 저희들이 직접 가 봤고, 어떤 것 때문에 그런 냄새가 나는가 봤더니, 이불에서 나는 냄새였습니다. 다리가 불편하신 분들은 20년 동안 이불을 빨지 않으셨더라고요. 그런 상황들을 지켜보면서 작은 일이지만 이 일을 우리가 복지재단에서 해 보자 싶었습니다. 그 분들의 옷과 이불을 가지고 와서 저희들이 빨기 시작했습니다. 전혀 예상하지 못했던 사역이지만 이 사역을 시작하면서 우리 지역사회에 필요한 일들을 세밀하게 접근해가면서 그 사역들을 감당하게 되었습니다. 이렇게 디테일한 부분들로 접근하고 세밀한 부분을 찾아본다면, 전도와 선교를 좀 더 세밀하게 접근할 수 있지 않을까 생각이 듭니다.

두 번째는 Daum입니다. 이 다음을 처음 말했을 때는 다음 세대를 위해서, 그리고 다음(多音), 많은 소리를 듣기 위해서 라고 표현했지만, 저는 여기다 한 가지 더, '무엇무엇 다움'이라는 표현을 추가하면 좋겠다고 생각했습니다. 제가 예전에 사역했던 교회에서 한 권사님이 계셨는데 이런 간증을 하셨어요. 아파트에서 반상회를 하는데 반상회에 가지 않다가 어느 날 너무 오라고 해서 한 번 가셔서 반장 옆에 앉아있는데 반장이 각 호별로 각각의 특징을 쭉 적었는데 본인인 권사님에 대한 특징을 적어놓으셨대요. 뭐라고 적었냐고 하면, "매주 일요일마다 옷 차려입고 어디를 감. 교회 가는 거 같음. 권사 같음." 이렇게 써놓았다는 겁니다. 그러니까 이 분이 교회 다니는 티를 내지 않았지만 이웃은 그분이 교회 다니는 걸 다 알고 있어요. 이 얘기는 우리가 교회를 가면 우리 주변에 있는 모든 사람들이 우리가 누구냐는 것을 알고 있다는 것입니다. 다 지켜보고 있다는 거죠. 그 얘기는 곧 우리의 모습을 보고 교회를 생각하고, 예수를 생각하고, 천국과 복음을 생각하게 된다는 것입니다.

그래서 Ad Fontes, 당연한 이야기지만, 본질로 돌아가는 것, 곧 우리 성도의 본질, 교회의 본질로 돌아가는 것이 선교와 전도에 매우 필요한 부분이 아닌가라는 생각이 듭니다. 그래서 교회다움, 성도다움을 회복한다면 코로나 시대, 또는 포스트 코로나 시대에 전도와 선교는 오히려 좀 더 우리에게 다른 모습으로 하나님께서 열매를 맺게 해 주시지 않으실까 생각이 듭니다.

세 번째는 Decision입니다. 선택과 결정인데요, 코로나 시대의 중요한 키워드 중 하나는 "예측 불가능"입니다. "불안정, 불확실, 불투명." 그 가운데 저희들이 어떤 결정을 하면서 살아가느냐가 매우 중요한 시대가 되는 거죠. 교회가 어떤 결정을 하느냐. 아까 김경진 목사님 말씀하셨을 때 교회 문을 닫기로 결정하고 3일 동안 사임할 거냐 말거냐를 고민하셨다고 하는데 저는 굉장히 공감합니다. 코로나 시대 때 교회가 가장 힘든 게 어떤 결정을 할 때 과거보다 훨씬 더 찬반이 강해졌고 고려 사항이 너무나 많다는 것입니다. 방역지침은 어떤가? 성도들은 어떤 생각을 하는가? 모든 것이 예측 불가능합니다. 다음 달에는 좋아질까, 안 좋아질까? 결정이 너무 어려운 상황이 되는 거죠.

어쨌든 저희들이 앞으로 나가려면 결정을 해야 되는데, 저희가 결정한 것 한 가지를 소개하겠습니다. 방역지침을 지키며 4인이 만날 수 있는 대상이 누구일까요? 신혼부부가 아닐까 싶었습니다. 담당목사와 저, 그리고 신혼부부. 그래서 지난 3월부터 저는 2주에 한 번씩 계속해서 신혼부부들을 만납니다. 같이 밥 먹고 이야기를 나눕니다. 코로나 이전에는 신혼부부를 만날 수가 없었습니다. 결혼하기 전에나 잠깐 만나고 깊은 얘기를 나눌 수가 없었는데 코로나 상황을 겪으면서 4명밖에 만나지 못하니 이 기회를 이용해야겠다는 생각을 했습니다. 그리고 당회도 흔쾌히 허락해 주셨습니다.

조금 더 나아가 선교적 측면에서 저는 원칙과 목표를 설정하는 것이 중요하다고 생각합니다. 어떤 원칙, 지금 현재로는 방역지침이 어떻게 되는가가 굉장히 중요하고요, 교회가 갖고 있는 목회적 철학, 또 선교에 대한 방향성, 이런 것들을 정해놓고, 그럼 어떤 목표와 전제를 가지고 결정할 것인지를 정한다면 어떨까 싶습니다. 예를 들어, 생태선교적 측면에서, "쿠팡 이츠"에 보면 항상 이런 부분이 나와요.

"일회용 젓가락과 숟가락을 드릴까요?" 성도들이 실천할 수 있는 생태선교로 집에 있는 수저를 사용할 수 있도록 하면 어떨까요? 기독교환경운동연대에서는 녹색교회를 선정합니다. 많은 젊은이들이 '어느 교회를 가야 합니까?'라고 물어볼 때, 정말 지금 생태학 시대에 녹색 교회가 있다면 그 선정된 교회를 추천해주는 것도 좋고요. 제가 미국에서 개척교회를 할 때는, 초기에 이런 결단을 성도들과 같이 나눴습니다. "교회 올 때 성경책과 머그컵, 또는 텀블러를 꼭 가지고 오십시오. 우리 교회에는 일회용 컵이 없습니다." 그래서 제가 개척했던 그 교회는 성도들이 교회 올 때 항상 성경책과 컵을 들고 오셔서 저희들이 같이 예배드리고, 친교 나눌 때는 가져온 컵으로 물을 마시고 음료수와 커피를 마셨었습니다.

여기에 중요한 것은, 사실은 결단하고 결정하는 것이 중요합니다. 그래서 저희 연동교회에서는 "원 포인트 프로젝트"라는 것을 합니다. 선교지에서 '저 이게 필요합니다'라고 했을 때 그냥 교회가 도와주는 것이 아니라 각 선교지의 필요한 사역들이 무엇인지에 대한 기획안을 토대로 그 사역을 하실 수 있는 원포인트 프로젝트를 진행하는 것입니다. 거기에 저희가 원칙을 정합니다. '이번에는 생태선교를 한다.' '이번에는 교육선교를 한다.' 등등의 원칙을 정해놓고 그에 대한 기획안을 토대로 후원하는 것을 실시하고 있습니다.

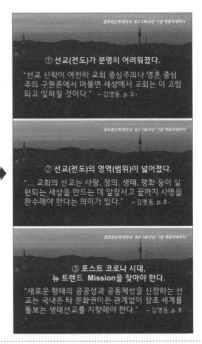

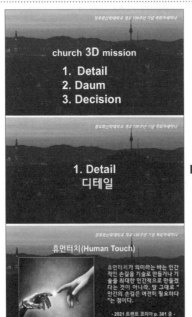

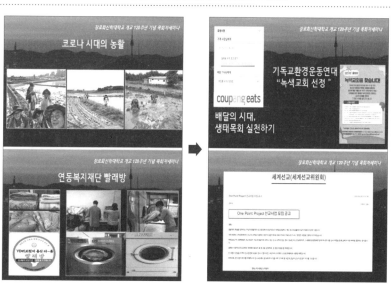

이규민 교수　　　　　　네, 감사합니다. 이제 다음 세대에 대해서 누구보다도 관심을 갖고 교육목회를 하고 계시는 충신교회 이전호 목사님께서 말씀해주시겠습니다.

이전호 목사　　　　　　박상진 교수님께서 포스트 코로나 시대의 다음세대 교육에 대해서 뜨거운 열정으로 말씀을 해 주셨습니다. 저도 이 강의를 듣고 많은 배웠습니다. 박교수님께서 두 가지 점에서 다음세대 전략을 제시하셨는데, 첫 번째는 성육신적인 교육입니다. 성육신적 교육의 핵심은 온라인-오프라인 둘 다 잘 해라. 온라인 교육에 힘써라. 이런 말씀을 주셨습니다. 두 번째는 부모, 가정 중심의 교육에 힘써라. 그렇게 말씀하시며 부모를 가정의 신앙교사로 세워라. 이것이 중요하다고 제시해 주셨습니다.

　　저는 이 말씀을 그전부터 수없이 들었습니다. 그런데 제가 가만히 생각을 해보니 교수님께서 그렇게 말씀하셨는데도 우리 목회자들이 정말 제대로 순종하지 못했지 않았나 하는 반성하는 마음이 들었습니다. 나름의 최선을 다하며 노력은 해 왔는데, 노력하며 질문이 생겼습니다. '그럼 부모교육은 어떻게 해야 되느냐?' 이에 대한 우리들의 노력을 좀 나누고자 합니다.

　　제가 정리를 좀 했는데 부모학교, 그다음은 가정예배학교, 세 번째는 부모가 함께하는 예배, 그다음에는 부모는 자녀의 신앙 교사, 그다음에는 온라인 주일공과, 그다음에는 온라인 성경학교, 이렇게 정리를 해봤습니다. 먼저 부모학교에 대해서 잠시 말씀드리겠습니다. 충신교회에서는 부모학교를 진행하고 있습니다. 명칭을 "Good Parenting"이라고 정하고 지금까지 약 8년간 진행해 왔습니다. 처음에는 교재가 없었는데, 다행히 박상진 교수님이 만드신 "학부모교실"을 사용하게 되었습니다. 그래서 그 책과 강사들을 모시고 우리 교회에서 강의를 했습니다. 그대로 하는 것은 아니고 우리 교회의 형편에 맞게 수정·보완하여 사용하고 있고, 지금은 대부분 우리 교역자들이 강의를 하고 있습니다. 8년을 하는 동안에 1년에 약 40명씩 배출을 했어요. 그랬더니 8년 하고 나니까 올해 수료한 사람이 330명이었습니다. 여러분 생각해 보세요. 330명이 부모가 교사로서의 정체성을 가지고 아이들을 지도하고 있습니다. 대단하지 않나요? 저는 너무너무 감사하고, 8년 전에 시작했다는 게 너무너무 감격스럽습니다. 여러분 교회, 가정들이 지금 어떤지는 모르는데요, 우리는 실제로 부모들이 교사로서의 정체성을 가지고 가정에서 자녀들과 함께 예배를 드리고 있습니다. 지금 이 시간에도 여러분과 나누고 싶은 것은 올해부터라도 부모학교를 시작하셨으면 좋겠다는 것입니다. 어떻게 할까요? 우리 교회 연락하세요. 자료를 제공하겠습니다. 시작하시면 됩니다.

두 번째는 가정예배학교, 가정이 예배의 처소가 되게 하라는 것입니다. 코로나 시대에 가장 많이 관심을 갖는 것이 가정예배입니다. 이 상황에서 할 수 있는 게 가정예배라고 우리 목회자들은 생각하는 거잖아요. 그런데 여러분 생각해 보세요. 가정예배를 드리라고 여러분들이 아무리 강조를 해도 잘 되지가 않습니다. 안 하던 거를 어떻게 잘 하겠어요? 그러나 잘 할 수 있는 방법이 하나 있습니다. 그것은 부모를 훈련시키는 겁니다. 부모를 가정의 신앙 교사로 하면, 가정 예배를 잘 드리게 됩니다. 이 가정예배학교를 수료한 부모들은 거의 90% 이상이 매일 예배를 드립니다. 이 과정을 안 거친 사람은 일

주일에 한 번만 예배 드려도 아주 잘 드린 건데요, 매일 드린다는 것은 기적입니다. 이 기적이 일어나는 것입니다. 가정예배는 말로 되는 게 아닙니다. 쉽지 않습니다. 그러니 훈련해야 합니다. 이 교재도 마찬가지인데요, 여러분이 원하시면 방문하세요. 다 드리겠습니다.

세 번째는 "부모가 함께하는 예배, 보내는 사람에서 가르치는 사람으로"입니다. 지금까지 우리는 교회학교 보내는 것만 해도 훌륭하다고 생각했습니다. 아닙니다. 부모가 가르치는 교사가 되어야 합니다. 그래서 우리 교회에서는 교사 헌신예배를 드릴 때 교사들만 헌신예배를 드리는 게 아니고, 부모님 즉 가정의 신앙교사들도 함께 와서 헌신예배를 드립니다. 제가 우리 전도사님들을 통해서 들었습니다. 많은 교회들은 예배 영상을 교회에서 이렇게 보내주면 부모가 그런다는 거예요. 노트북 켜 주고, "자 너 여기서 예배를 잘 드려라" 그러고 나간다는 거예요. 걔가 그 시간에 다른 걸 하고 있는지 부모는 모른다는 겁니다. 아건 아니지요. 부모가 신앙교사가 되어 함께 예배를 드릴 때, 이 아이가 정말 진정한 예배를 드릴 수 있는 겁니다. 그래서 부모가 아이들과 함께 예배를 드리는 것을 계속 강조하고 있습니다. 자료에서도 나오지만 지금 예배 시간에 자녀만 예배드리는 게 아니라 부모가 곁에서 예배를 함께 드리고 있고, 마지막 축복하는 시간에 목사님 축복하면 부모가 손을 얹고 있습니다.

제가 이런 이야기를 듣습니다. "목사님, 저는 오늘 예배를 세 번 드렸습니다." 무슨 이야기냐 하니까, 부부가 1부 예배를 드리고, 그다음 시간에는 큰 애하고 같이 예배드리고, 그다음에는 둘째하고 예배를 드리고 그렇게 해서 예배를 세 번 드린다는 거예요. 이렇게 부모가 자녀와 함께 예배를 드리는 것 정말 중요합니다. 그러니 부모를 잘 세우는 일이 그 무엇보다도 중요합니다.

　네 번째는 "부모는 자녀의 신앙교사, 교회학교와 가정이 통합되다"입니다. 우리 충신교회는 온라인에다가 부모님이 예배 상황을 체크해서 올리는 겁니다. "우리 아들, 딸, 지금 예배 잘 드리고 있습니다." 이렇게 올리면 우리 교사들이 얘기하는 거죠. "아, 누구누구는 오늘 출석이구나." 이렇게 올리는 겁니다. 그리고 자료 사진을 보시면 아빠가 지금 딸을 가르치고 있죠? 교회에서 보내준 자료를 이용해 부모가 성경공부를 시키는 겁니다.

　다섯째는 "온라인 Zoom 공과"입니다. 코로나 시대가 되면서 지금은 Zoom으로 직접 애들이 들어와서 같이 공부를 하는 거예요. 그래서 자료를 보시면 선생님이 지금 가르치고 있는데 이렇게 넷이 혹은 다섯이 함께 성경공부를 하면서 서로 형편을 물어보고 같이 공유하는, 그래서 Zoom으로 실제로 공부를 하고 있는데, 지금 현재는 우리 교회 Zoom으로 성경공부를 하고 있습니다. 아이들이 무척 잘 합니다. 오늘 박상진 교수님 강의 중에 "디지털 원주민"이라는 얘기를 하셨거든요? 실제로 아이들은 어른들보다 더 디지털에 익숙합니다. 그래서 잘 합니다.

　여섯째는 "온라인 성경학교"입니다. 작년에 우리가 코로나로 어려웠을 때 온라인으로 수련회를 했거든요? 그래서 그다음에 겨울 수련회 때, '야, 이거 온라인만 가지고는 안 되겠다.' 어떤 것은 온라인으로 어떤 것은 상호소통형인 Zoom을 이용하여 같이 했어요. 아시다시피 Zoom은 상호작용이 있는 거니까 훨씬 효과가 좋았습니다. 제가 직접 확인한 건 아니지만 우리 전도사님들이 말하는데, 95%가 참여했다는 겁니다. 그래서 이런 상황 속에서도 성경학교는 할 수 있

다고 생각했습니다. 그래서 올해는 어떻게 할까를 교육총괄 목사님하고 논의하며 가정과 교회가 함께 성경학교를 하는데 성경학교를 가정에서 잘 할 수 있도록 가정의 모든 분위기를 성경학교 분위기로 만들 수 있도록 하고, 그 다음에 Zoom이나 온라인으로 하며 부모가 함께 참여하는 수련회를 진행하도록 유도하는 것을 결정했습니다. "부모가 함께하는 수련회." 부모도 수련회 참여하는 거죠.

잠시 저희 교회 상황을 말씀을 드렸는데, 다음세대 교육을 위해 제일 중요한 것은 "부모교육"이라고 저는 생각합니다. 결론적으로 말씀을 드리면 이것이 가능하려면 담임목사님들의 결단이 필요합니다. 담임목사님이 그렇게 하고자 하면 저는 잘 될 수 있다고 확신합니다. 코로나 시대와 포스트 코로나 시대를 넘어선 다음세대 교육은 가능하다고 생각합니다.

이규민 교수　　　　　　　예, 감사합니다. 이제 네 분 패널 중 마지막으로 4차 산업혁명 시대, 지식정보와 디지털 시대의 목회와 돌봄, 그리고 데이터에 대해서 지용근 대표님께서 말씀해주시겠습니다.

지용근 대표　　　　　　　네, 오전에 발표하신 홍인종 교수님의 강의인 "포스트 코로나 시대의 목회돌봄"에 대해서 간단하게 제 의견을 좀 말씀드린 후에 몇 가지 목회적인 이슈에 대해 말씀드리도록 하겠습니다.

홍 교수님께서 저희 연구소 통계 자료를 기반으로 코로나19 이후 변화 상황에 대해 "개인의 일상의 변화", "가정의 변화", "신앙생활과 종교의 변화", "포스트 코로나 시대와 목회 현장: 비대면과 언택트"

를 주제로 말씀해 주셨습니다. 제가 읽어보면서 저희가 만든 보고서를 연구하시고 집대성하셨다는데 많이 놀랐습니다. 저희 데이터를 사용해주신 것에 대해 감사를 드립니다. 그리고 더 나아가 "포스트 코로나시대의 목회 돌봄"에 대해 말씀해 주셨는데, 저는 목회자가 아니기 때문에, 목회적 관점에 대해서는 통계 데이터로 좀 말씀드리도록 하겠습니다.

특히 오늘 홍 교수님께서 강의하신 것 중에서 제가 지원하고 보완할 수 있는 것들을 몇 가지 말씀드리고자 합니다. 먼저 기독청년 이야기인데요, 몇 가지만 좀 보완적으로 말씀드리겠습니다. 2021년 초에 기독청년 700명 조사했습니다. "우리 세대는 불행한 세대다"에 "그렇다"라고 응답한 비율이 70%, 그러니까 정확히는 69%나 되는 거예요. 또 "능력 면에서 기성세대보다 못하다고 생각한다"에는 "그렇다"가 28%밖에 안 됩니다. 즉 기성세대보다는 능력이 못하다고 생각하지는 않는데, 은퇴 후에는 부모세대가 은퇴한 것보다는 경제적으로는 더 잘 살지 못할 것 같다는 비관적인 생각을 가지고 있다는 것입니다.

또 하나는 "어른들이 우리 세대에게 무관심한 사회다"라는 문항에 대한 "그렇다" 응답자가 대략 67% 정도 되는 겁니다. 지금 기독청년들이 이런 생각을 가지고 있는 겁니다. 그래서 "본인 스스로 목숨을 끊으려고 생각한 적이 있다"라고 답한 사람이 27%나 되니까, 지금 거의 30% 가까이 되잖아요? 그리고 "거의 매일 피곤하거나 에너지가 생기지 않는다"에 응답한 비율이 47%고, "앞으로 내 생활이 더 나아질 거란 희망이 없다"가 28%, "하루 종일 짜증이 난다"가 24%입니다. 기독청년들이 지금 이렇게 생각하고 생활하고 있는 거예요. 사실 교회에서 혹은 교회 어른들이 기독청년의 마음이 이 정도까지일 것이라고는 생각 못 하실 겁니다. 그러다 보니까 현재 교회에 출석하고 있는데, "10년 뒤에 교회 잘 나갈 것 같다"가 64%고, "기독교 신앙은 유지하지만 교회 안 나갈 것 같다" 또는 "기독교 신앙을 버릴 것 같다"가 36%입니다. 현재 교회 다니고 있는 친구들 중에서 세 명 중 한 명은 10년 뒤에 교회 안 나가겠다는 겁니다. 지금 기독청년의 상황입니다.

그리고 또 하나는 앞선 설문의 연장선상일 수 있겠는데, 코로나 관련해서 신앙의 질적 변화를 좀 살펴봤는데, 40대 이상 어른들을 보니까, "신앙이 깊어졌다"가 21%, "신앙이 약해졌다"가 25%, 큰 차이는 없는데요, 2-30대 기독청년들을 보시면 "신앙이 깊어졌다"가 11%, "신앙이 약해졌다"가 33%입니다. 그러니까 이 코로나 위기 1년 사이에, 기독청년들의 신앙이 좀 더 양극화된 거죠.

그리고 앞선 강의에서 홍 교수님께서 "목회 돌봄의 핵심은 만남과 접촉을 통해서 이루어진다. 하나님과의 만남뿐 아니라 목회자, 성도와의 만남, 공동체와 소그룹을 통한 친교와 교제(코이노니아)를 통해 이루어진다."라고 말씀하셨습니다. 이 말씀을 백업할 수 있는 데이터를 좀 소개하고자 합니다. 저희 연구소에서 지난해 8월에 일반교회 교인들하고 소그룹을 중심으로 하는 가정교회 교인들 두 그룹을 각 500명 비교 조사를 실시했습니다. 특히 "코로나 상황에서 개인 신앙 유지에 도움을 받은 것이 무엇입니까"라는 질문에 일반교회 교인들은 "성경묵상"이나 "기도"로 나왔습니다. 그런데 가정교회 교인들은 "소그룹 리더", "멤버들의 섬김과 교제"가 압도적으로 높았습니다. 보다 끈끈한 관계를 중심으로 하는 교회는 소그룹을 통해서 신앙 유지에 도움을 받고 있다고 응답한 것입니다.

또 "코로나 상황에서 소그룹 모임 어떻게 하고 있습니까?" 이렇게 물었어요. 그랬더니 일반교회는 아무래도 구역 중심일 테니까, "카톡이나 문자를 통해 교제했다", 혹은 "온라인으로 교제했다"라고 답을 했습니다. 그런데 가정교회 멤버들은 "직접 만났다"가 많습니다. 결국 교제의 핵심은 만남이라는 것입니다. 그다음으로 "IFCJ 가정의 힘"이라는 선교단체에서 자녀신앙에 대한 가정교육에 대한 조사를 했어요. 유치원생부터 고등학교 자녀를 둔 교회를 출석하는 개신교 부모님 1500명을 대상으로 조사하며 질문했습니다. "소그룹 활동을 하느냐? 안 하느냐?"를 물으며 소그룹을 하는 그룹하고 소그룹을 안 하는 그룹하고 전체 문항을 비교를 해봤습니다. 그랬더니 이런 데이터가 나왔습니다. 소그룹 활동자가 비활동자보다 모든 가정적인 신앙지표가 다 높았다는 것입니다. 예를 들어, 가정 모두 교회에 출석하는 비율도 더 높고, 가정이 신앙적으로 건강하다고 인식하는 비율도 소그룹 활동자가 더 높게 나왔습니다. 그 다음에 "나는 평소 자녀 신앙교육을 하고 있다"에 대해 소그룹 활동자 77%가 "그렇다"고 답을 했고, 비활동자는 48%만 "그렇다"라고 답을 했습니다. 그러나 가정 내 자녀 신앙교육을 위해서는 소그룹이 정말 중요하다고 나온 것입니다.

그리고 홍 교수님께서 마지막 파트에서 1인 가구에 대해서 말씀하시며 노인 돌봄에 대해서 말씀하셨는데, 그 백업 데이터를 소개하고자 합니다. 현재 우리나라가 1인 가구 비율이 30%입니다. 계속 올라가고 있는데요, 열 가구 중에 세 가구가 1인 가구라는 말입니다. 1인 가구 연령별 비중을 보면 60대 이상이 46%입니다. 60대가 19%

고, 70대 이상이 27%인데, 60대 이상 1인 가구는 거의 다 혼자 사시는 분들일 텐데, 이 분들이 응답한 1인 가구의 어려움을 보니까, "균형 잡힌 식사를 하기가 어렵다(42%)", "아프거나 위급할 때 혼자 대처하기 어렵다(32%)"입니다. 그리고 "다른 사람으로부터 고립되어 있어 외롭다(18%)"로 응답했다는 것입니다. 그러니까 1인 가구 가운데 노인 분들은 외로움과 고립감이 클 텐데, 이것을 우리 한국 교회가 잘 돌봐주셨으면 하는 생각이 들었습니다.

이제 통계를 보면서 일곱 가지 목회적인 안건들을 제안 드리고 싶습니다. 먼저 고령화 문제입니다. 우리나라가 지금 세계에서 출산율이 가장 낮은 것은 다들 알고 계실 겁니다. 2020년에 0.84명 낳았습니다. 그러니까 이게 뭐냐 하면 합계 출산율, 즉 한 여성이 평생 동안 낳을 수 있는 아이의 수인데, 이게 지금 한 명이 안 되는 겁니다. 서울을 보십시오. 서울은 0.63입니다. 그러니까 서울은 거의 절반만 출산을 하고 있다는 것입니다. 현재 OECD 평균이 1.68명이니까 우리나라가 딱 절반이에요. 현재 세계 출산율이 2.4명이고 우리나라가 0.84니까 굉장히 큰 차이가 나죠? 그래서 지난해에 드디어 출생아 수가 30만 밑으로 떨어졌습니다. 그리고 이런 추세이기에 통계청 분석을 보면 2067년 65세 이상 고령층 비중에 있어 우리나라가 전 세계에서 압도적 1위가 된다고 합니다.

두 번째는 교회의 양극화와 신앙의 양극화입니다. 우리 교단 이야기를 잠깐 드리면 지금 아시다시피 약 9,600개 교회가 되는데, 그 중에서 교회당 평균 중앙값인 교인 수, 그러니까 0명인 교회부터 가장 많은 교회까지 교인 수 값을 쭉 나열을 해서 가운데 교회가 51명입니다. 지난 10년 동안 30명 이하의 초소형교회 비중이 24%에서

34%로 10%가 올라갔습니다. 101명에서 300명대, 어찌 보면 중형 교회라고 할 수 있는데, 이 중형 교회가 23%에서 19%로 감소했습니다. 그런데 대형교회들, 약 3,000~5,000명 이상 되는 교회들은 거의 비슷합니다. 이게 어떤 그림이냐 하면 큰 교회들은 거의 비슷하고 가운데 교회가 쑥 내려가고, 소형 교회가 확 올라가는 형세인 거죠. 그러니까 교회 사이즈 별로 봤을 때도 이게 양극화가 되는데, 다음에 나타나는 데이터를 보면 신앙도 양극화가 되더라는 이야기입니다.

이게 무엇을 말하는가 하면, 우리나라 개신교인의 신앙 수준을 1단계부터 4단계까지 나눴습니다. 2020년 12월 데이터인데요, 신앙 수준을 4개 그룹으로 나눠서, 1단계가 신앙이 가장 약한 사람들이고 4단계가 신앙이 가장 깊은 사람들입니다. 4단계의 데이터를 볼까요? "코로나 이후에 자기 신앙이 약해진 것 같다"가 16%입니다. 그다음에 "깊어진 것 같다"가 40%니까 신앙이 깊은 사람들은 더 깊어진 겁니다. 그런데 1단계를 보십시오. 신앙이 가장 약한, 구원의 확신도 없는 그런 사람들인데, "약해진 것 같다"가 31%고, "깊어진 것 같다"가 1%입니다. 그러니까 신앙이 약한 사람들은 더 약해졌죠? 아주 전형적인 신앙의 양극화가 한국 교회에서 일어나고 있다는 말입니다.

세 번째로는 온라인 예배에 대하여 입니다. 온라인 예배에 대해 목사님들이 걱정을 많이 하시는데, 이 걱정 할 수밖에 없는 이유가 있습니다. "지난주에 현장 예배드린 사람"과 "지난주에 온라인 예배드린 사람" 두 그룹을 구분을 했습니다. 그리고 신앙의 질적 변화를 물어봤어요. 그랬더니 현장 예배드린 사람들은 "신앙이 약해졌다"가 23%고, "신앙이 깊어졌다"가 27%였습니다. 그러니까 '그래도 나는 의지적으로 현장예배 가겠다는 분들은 신앙이 깊어졌다'고 스스로 생각하시는 것입니다. 그런데 온라인 예배드리는 사람들은 "신앙이 약해졌다"가 34%, "오히려 신앙이 깊어졌다"가 18%였습니다. 그러니까 온라인 예배를 드린 사람들은 신앙이 약해졌다가 더 높아요. 그러니까 이것도 마찬가지로 현장예배 드린 사람은 신앙이 깊어지고, 온라인 예배드린 사람은 신앙이 약해지고 있다는 것입니다. 그렇다면 온라인 예배 선호 그룹의 신앙을 위한 목회적 전략이 필요하다는 말입니다.

　네 번째로는 온라인 문화입니다. 2020년 4월, 7월, 11월 세 번을 똑같이 조사했는데요, "출석하는 교회에 가서 예배를 드렸다"가 52%, 한 절반 정도 되고, "온라인 예배를 드렸다"가 24%인데, 세 번의 조사 결과 "출석해서 예배를 드렸다"와 "온라인 예배드렸다"의 비율이 거의 같아요. 그러니까 우리 교인 중에 네 명 중의 한 명은 계속 온라인 예배를 드리고 있는 겁니다. 그렇게 이해하시면 되겠습니다. 그다음에 "예배를 드리지 않았다"가 12%~18% 정도 되고 있는데, 주일예배를 안 드린 사람들의 특징이 나옵니다. "봉사하지 않는 사람들", "직분이 없는 성도들", "신앙이 낮은 사람들"이었습니다. 온라인 예배를 드린 사람들의 특징이 뭐냐 하면, 20대부터 40대까지인데요, 주로 대형교회를 다니는 사람들이고, 이념 별로 차이가 납니다. 이념-성향별로 보면 진보성향인 사람들이 온라인 예배를 좋아합니다. 온라인 예배나 방송 예배나 가정 예배의 만족도를 보면, 여기서 우리 목사님들이 다 이해하시겠지만, 수치적으로 보면, 4월, 7월, 11월인데, "대면예배보다 온라인 예배가 오히려 더 좋았다"가 9%-12%-17%로 점점 더 올라가죠. 그렇지만, "대면예배보다 만족하지 못했다", 이건 "대면예배가 더 좋았다"는 거잖아요? 작년 11월을 보면

47%입니다. 50%는 안 되지만 그래도 아직까지 한국교회 교인들은 대면예배에 대한 만족도가 가장 높습니다. "대면예배와 비슷했다"는 36%였습니다.

다음으로는 예배 운영에 대한 목회자 인식에 대한 부분인데요, "현재 주일예배 방식이 어떻습니까?"에 대한 2020년 11월 데이터를 보면, 목회자 600명을 조사한 것입니다. "온라인 동시 중계를 하는 교회"가 전체 교회의 61%입니다. 현장예배만 하는 교회가 26% 정도 되는데, 자 이제 문제는, "코로나 끝난 다음에 어떻게 하실래요?"라고 물어보았더니, 온라인 동시 중계에 대한 의견이 61%에서 38%로 뚝 떨어졌다는 것입니다. 그러니까 현재 온라인 동시 중계하는 교회가 100이라면, 한 40%가 동시 중계를 하지 않겠다는 것입니다. 그래야만 교인들이 현장예배에 참석을 하니까요. 그다음에 코로나 종식 후 현장예배만 드리겠다는 교회가 32% 정도 됩니다. 제가 가진 소견으로는 현장예배만 드리는 교회는 앞으로 1-20년 후에는 다 없어질 것 같아요. 성도들이 계속 온라인 소비층으로 가고 있기 때문에, 교인들이 현장예배만 고수하는 교회를 떠나지 않을까 싶습니다.

다섯 번째로는 교회학교에 대하여 입니다. 앞에서 박상진 교수님께서 강의하신 내용과 연결되는 데이터인데요, 학령인구와 교회학교 인구가 어떻게 바뀌는지, 초등학교-중·고등학교 인구 두 개만 비교를 해봤더니, 학령인구는 지금 우리나라가 10년 사이 25%가 감소를 했고, 교회학교 인구는 38%가 감소했어요. 이게 무슨 이야기냐 하면 교회학교 감소 속도가 일반 학령인구보다 1.5배 정도 빠르다는 것입니다.

다음으로는 신앙별 수준인데요. 교회 출석하고 있는 중·고등학생들입니다. 10대 청소년들인데, 교회 출석하고 있는 교회학교 학생들 약 70%가 신앙수준이 낮은 상태에 있다는 것입니다. 이건 이제 어른 하고 비교하면, 어른 같은 경우에는 크리스천 성인 같으면 57%가 3-4단계, 어느 정도 신앙이 있다고 보는데, 중고생들의 경우에는 35%하고 34%니까, 69% 정도가 신앙이 낮은 상태이고 이게 청년까지 그대로 이어지고 있다는 것입니다. 그래서 그런지 크리스천 청소년들, 중고생들이, "앞으로 어른이 돼서 어떻게 하겠습니까?" 물었더니, 학생들 중에서 "교회 안 다니겠다", 또는 "유보적이다"라고 답한 학생들이 약 40%정도 됩니다. 청년들은 아까 말씀 드렸듯 36%정도 되었습니다.

"신앙적인 가정을 위해서 가장 중요한 역할자가 누구냐?" 했을 때, 이게 아까 말씀드렸던 부모들한테 물은 겁니다. 의외로 아버지가 나왔어요. 신앙적인 가정을 위해서 가장 중요한 역할자가, 부모가 다 응답했는데, 아버지가 제일 높아요. 그다음이 엄마고요. 그런데 아버지가 제일 높음에도 불구하고 크리스천 아버지의 45%는 아이들 신앙교육에 관여하고 있지 않았습니다. 학생들에게도 물어봤습니다. 중.고생 학생들한테, "학생의 신앙생활에 가장 큰 영향자가 누구입니까?" 했더니, 우리가 다 아시다시피 엄마예요. 앞에서는 "신앙적인 가정을 위해서 가장 중요한 역할자"가 "아빠"였고, "본인의 신앙생활에 가장 영향을 주는 사람"이 "엄마"였는데, 2019년에도 똑같이 조사를 했거든요? 2019년하고 이번 2020년 4월에 조사를 해서 2년 치를 비교해보니까, "아버지"가 3등에서 2등이 됐어요. 그러니까 2019년에는 "교회 목사님/전도사님"이 2등이었거든요. 그런데 "아버지"가 2등에 올라옵니다. 이게 뭘까요? 아까 박 교수님의 강의와 연결시킨다면, 집에서 가정 신앙교육이 굉장히 중요해졌다, 이제 그런 시대가 됐다는 것입니다. 그리고 또 하나, 코로나 시대에 대해 학생들에게 물어 봤습니다. "신앙생활에 도움을 받은 것이 무엇입니까" 했더니, 두 번째가 "가정예배"가 나왔어요. 물론 가정에서 주일날 예배드리는 것도 가정예배라고 볼 수 있겠지만, 어쨌든 학생들, 중고생들에게 신앙성장에 도움이 되는 것은 가정예배라는 인식이 아이들에게 생긴 것입니다. 그래서 부모교육이 중요해지는데, 부모들에게 물어 봤습니다. "자녀 신앙교육에 대한 구체적인 방법을 알고 있습니까?" 그랬더니 "모른다"가 48%예요. 교회를 출석하는 부모들이거든요? 그럼 "교회에서 자녀 신앙교육 훈련을 받은 적 있습니까?" 했더니 27%만 "받았다"라고 응답했습니다. 73%는 받은 적이 없다는 것입니다. 그럼 "교회에서 훈련받은 내용을 지금도 자녀 신앙교육에 실천하고 있습니까?" 물었더니 전체 부모 기준의 5%밖에 안 되는 거예요. 그러니 부모교육이 절실하다는 것입니다.

여섯 번째로는 한국교회 전체 신뢰도 회복에 대한 문제입니다. 이 부분은 선교와 전도와도 연결이 될 것 같습니다. 한국행정연구원에서 조사한 바에 따르면 한국교회의 대 사회적 신뢰도는 작년 초에 32%였다가 올해 22%로 떨어졌습니다. 국가적인 위기 상황에서 사회적 주체들에 대한 신뢰도가 전반적으로 다 올랐는데 교회만 떨어졌습니다. 우리나라 사람들이 국회를 제일 싫어합니다. 국회의원을 제일 믿지 않는데 지금 현재는 한국 교회가 국회와 비슷한 신뢰도를 갖고 있다는 것입니다. 그리고 이것은 2021년 4월 장신대에서 조사한 건데요, "코로나 관련해서 개신교회가 얼마나 잘했는가?"에 대해서 "잘했다"라고 응답한 비율이, 목회자-개신교인-비개신교인-기자, 4개 그룹을 같이 조사했습니다, 맨 위가 목회자인데, 79.7%입니다. 그런데 비개신교인은 12%입니다. 똑같은 항목에 대해서 이렇게 인식의 차가 크다는 것입니다. 그러니까 목회자들은 교회가 코로나 관련 대응을 잘하고 있다고 생각하고 일반인들은 그렇지 않다고 생각하는 것입니다.

일곱 번째로는 교회의 리더십 연령에 대한 밸런스(Balance) 문제입니다. 만약 21대 현재 국회의원들이 우리 대한민국을 전체적으로 끌고 가는 리더십 그룹이라고 한다면, 이분들의 평균 연령이 55세입니다. 그런데 지금 한국교회를 끌고 가는 리더십그룹을 만약 총대라고 한다면, 예장 총대 평균 연령이 평균 63세입니다. 목사님들이 61세이고 장로님들이 65세입니다. 그러니까 국회의원들 평균 나이하고 총대들 평균 나이하고 8살 차이가 납니다. 예장합동은 우리보다 좀 더 높습니다. 이렇게 큰 차이가 나다 보니까, 디지털 시대 대응능력 부분에 있어 젊은 그룹인 2-30대 청년들과 더 많은 소통이 필요하리라 여겨집니다.

1. 2030 기독청년 상황
- 우리 세대는 '불행한 세대이다' 69%

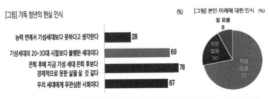

[그림] 기독 청년의 현실 인식

- 능력 면에서 기성세대보다 못하다고 생각한다 — 28
- 기성세대의 20~30대 시절보다 불행한 세대이다 — 69
- 은퇴 후에 지금 기성 세대 은퇴 후보다 경제적으로 못한 삶을 살 것 같다 — 78
- 우리 세대에게 무관심한 사회이다 — 67

[그림] 본인 미래에 대한 인식 (%)
- 잘 모름 8
- 희망 없음 20
- 희망 있다 72

- 출처 : 실천신학대학원대학교 21세기교회연구소/한국교회탐구센터/목회데이터연구소, '코로나 시대, 기독 청년들의 신앙 생활 탐구', 2020.01. 27 (전국, 19~39세 기독 청년 700명, 온라인조사, 2020.12.30~2021.01.05)

기독 청년 4명 중 1명 이상, '자살을 심각하게 생각해본 적 있다!'

[그림] 평소 생활에서 심리 및 감정 상태

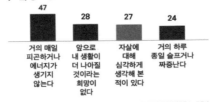

- 47 거의 매일 피곤하거나 에너지가 생기지 않는다
- 28 앞으로 내 생활이 더 나아질 것이라는 희망이 없다
- 27 자살에 대해 심각하게 생각해 본 적이 있다
- 24 거의 하루 종일 슬프거나 짜증난다

- 출처 : 실천신학대학원대학교 21세기교회연구소/한국교회탐구센터/목회데이터연구소, '코로나 시대, 기독 청년들의 신앙 생활 탐구', 2020.01. 27 (전국, 19~39세 기독 청년 700명, 온라인조사, 2020.12.30~2021.01.05)

10년 후, 현 교회 출석 청년 3명중 1명 이상 '교회 안 나갈 것 같다!'

[그림] 10년 후 신앙 생활 예상 (%)

전체 기독 청년

- 계속 교회 잘 나갈 것 같다
- 기독교 신앙은 유지하지만 교회 나가지 않을 것 같다
- 기독교 신앙을 버릴 것 같다

- 교회 출석 청년: 64 / 30 / 6
- 가나안 청년: 11 / 80 / 9

- 출처 : 실천신학대학원대학교 21세기교회연구소/한국교회탐구센터/목회데이터연구소, '코로나 시대, 기독 청년들의 신앙 생활 탐구', 2020.01. 27 (전국, 19~39세 기독 청년 700명, 온라인조사, 2020.12.30~2021.01.05)

코로나19 이후 기독청년 신앙의 질적 변화, '개신교인 장년'과 비교해 하락폭 커!

[그림] 코로나19 이전 대비 신앙 수준의 질적인 변화　　　　(%)

■ 신앙이 깊어짐　■ 비슷하다　■ 신앙이 약해짐　■ 모르겠다

	신앙이 깊어짐	비슷하다	신앙이 약해짐	모르겠다
기독 청년	11	42	34	12
개신교인 장년 (40대 이상)**	21	42	25	12

* 출처 : 실천신학대학원대학교 21세기교회연구소/한국교회탐구센터/목회데이터연구소, '코로나 시대, 기독 청년들의 신앙 생활 탐구', 2020.01. 27 (전국, 19~39세 기독 청년 700명, 온라인조사, 2020.12.30~2021.01.05)
** 출처 : 예장합동교단, '코로나19시대 한국교회 신생태계 조성 및 미래전략 수립을 위한 조사' 2021.01. (전국 40대 이상 개신교인 667명, 온라인조사, 2020.11.14.~11.23)

7

2. 소그룹을 통한 만남과 접촉
- 코로나19 상황에서 개인신앙 유지에 도움받는 것, '소그룹'

그림) 코로나19 상황에서 개인 신앙 유지에 도움 받는 것(중복)

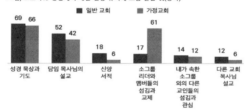

■ 일반 교회　■ 가정교회

* 출처 : 목회데이터연구소, '일반교회와 가정교회 교인의 신앙의식 및 신앙생활 비교조사' <전국 만 20~69세 개신교인 1000명(가정교회 교인 500명, 일반교회 교인 500명), 온라인 조사, 2020.08.20~31.>

8

소그룹 중심 교회, 코로나19 상황에서 소그룹 교제, "직접 만났다!"

그림) 코로나19 상황에서 소그룹 교제 방법 (중복)

■ 일반 교회　■ 가정교회

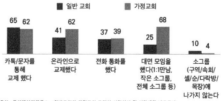

* 출처 : 목회데이터연구소, '일반교회와 가정교회 교인의 신앙의식 및 신앙생활 비교조사' <전국 만 20~69세 개신교인 1000명(가정교회 교인 500명, 일반교회 교인 500명), 온라인 조사, 2020.08.20~31.>

9

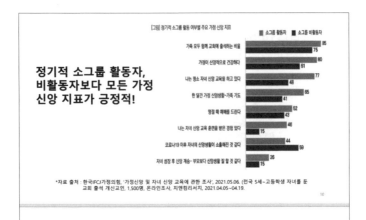

정기적 소그룹 활동자,
비활동자보다 모든 가정
신앙 지표가 긍정적!

3. 1인 가구 중 60대 이상 고령층이 46% 차지!

- 60대 이상 1인 가구의 목회적 돌봄 필요

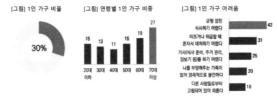

저출산/고령화

- 전 세계에서 가장 낮은 출산율 ; 2019년 0.92명 → 2020년 0.84명(서울 0.64명)
- 2년 연속 세계 198개국 중 꼴찌(유엔, 2021년 세계인구현황보고서)
- OECD 평균 출산율 : 1.68명(2016년 기준)
- 세계 평균 출산율 : 2.4명

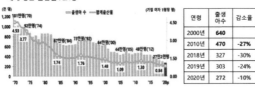

연령	출생아수	감소율
2000년	640	
2010년	470	-27%
2018년	327	-30%
2019년	303	-24%
2020년	272	-10%

*자료 출처 : 통계청, 2020년 인구동향조사 출생,사망 통계 잠정 결과(2021.02.24)

한국, 2067년 국민 2명 중 1명이 노인!

한국은 2045년에 65세 고령층 비율이 전 세계에서 가장 높은 37%로 세계에서 가장
늙은 국가가 되며, 2067년에는 국민의 절반 가까이 노인층으로 구성될 것으로 예상함

[그림] 2067년도 65세 이상 고령층 비중 국가별 순위(상위 10위)　　　(%)

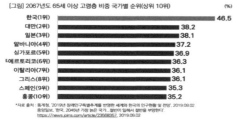

한국(1위)	46.5
대만(2위)	38.2
일본(3위)	38.1
알바니아(4위)	37.2
싱가포르(5위)	36.9
푸에르토리코(6위)	36.3
이탈리아(7위)	36.1
그리스(8위)	36.1
스페인(9위)	35.3
홍콩(10위)	35.2

*자료 출처 : 통계청. '2019년 장래인구특별추계를 반영한 세계와 한국의 인구현황 및 전망', 2019.09.02.
중앙일보, '한국, 2045년 가장 늙은 국가...절반이 일하서 절반을 부양한다'.
https://news.joins.com/article/23568357, 2019.09.02

15

● **2019년 교회당 평균(중앙값) : 51명**
● **10년간 30명 이하 교회 : 24% → 34% 급증**
　　　　101-300명 교회 : 23% → 19% 감소

[그림] 최근 10년간 1개 교회당 교인수 평균(중앙값) 추이(2010년~2019년)　　　(개)

10년간 감소율
-29.2%

2010년	2011년	2012년	2013년	2014년	2015년	2016년	2017년	2018년	2019년
72	70	65	63	61	59	56	53	51	51

*자료 출처 : 대한예수교장로회 통합 교단 교세 통계 분석, 2020년 9월 105회 총회 발표

17

코로나19 이후 신앙의 양극화 현상

[그림] 코로나19 이후 신앙의 질적 변화(개신교인)　　　(%)

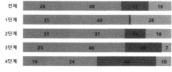

■ 악해진 것 같다　■ 비슷하다　■ 깊어진 것 같다　■ 잘 모르겠다

전체	26	40	18	16
1단계	31	40		28
2단계	31	37	14	18
3단계	23	46		7
4단계	16	38	40	10

- 1단계: 나는 하나님을 믿지만, 그리스도에 대해서는 잘 모르겠다. 내 종교는 아직까지 삶에서 큰 비중을 차지하지 않는다.
- 2단계: 나는 예수님을 믿으며, 그 분을 알기 위해 여러 가지 일을 하고 있다.
- 3단계: 나는 그리스도와 가까이 있으며, 매일 그 분의 인도하심에 의지한다.
- 4단계: 하나님은 내 삶의 전부이며, 나는 그 분으로 충분하다. 나의 모든 일은 그리스도를 드러낸다.

* 자료출처 : 예장합동총회, '코로나19 시대 한국교회 신생태계 조성 및 미래전략 수립을 위한 조사 결과 보고서'
(한국 만19 세 이상 개신교인, 1000명, 온라인조사, 2020.11.14~23)

18

코로나 기간 중 현장예배자, 오히려 신앙이 깊어지고, 온라인예배자는 신앙이 약해지는 현상 나타나!

[그림] 코로나19 이후 신앙 수준 변화(주일예배 드린 유형별)   (%)

■ 신앙이 약해짐   ■ 코로나 이전과 비슷   ■ 오히려 신앙이 깊어짐   ■ 잘 모름

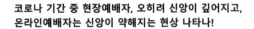

*자료 출처 : 예장합동교단, '코로나19 시대 한국교회 미래전략 수립을 위한 조사
(개신교인 1000명, 온라인조사, 2020.11.14)

19

출석교회 현장 예배 참석률 : 51% 정도

[그림] 지난 주일예배 드린 형태(교회출석자)

■ 4월 ■ 7월 ■ 11월

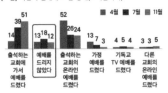

O 지난 주일예배 안드린 자 특징
 - 비봉사자
 - 직분 없는 성도
 - 신앙이 낮은 기독교 입문층

O 온라인 예배 드린 자 특징
 - 20~40대
 - 대형교회
 - 진보 성향 교인

* 출처(4월) : 한목협, '코로나 19로 인한 한국 교회 영향도 조사', (개신교인 1000명, 온라인 조사, 2020.04.02)
* 출처(7월) : 기사연, '한국 사회 주요 현안에 대한 개신교인 인식 조사' (개신교인 1000명, 온라인 조사, 2020.07.19)
* 출처(11월) : 예장합동교단, '코로나19 시대 한국교회 미래전략 수립을 위한 조사보고서(개신교인 1000명, 온라인조사, 2020.11.14)

21

온라인/방송/가정예배 만족도 점점 증가세!

[그림] 온라인/방송/가정예배와 대면 예배 비교   (%)

■ 대면 예배보다 만족하지 못했다   ■ 대면 예배보다 오히려 더 좋았다   ■ 대면 예배와 비슷했다

* 출처(4월) : 한목협, '코로나 19로 인한 한국 교회 영향도 조사', (개신교인 1000명, 온라인 조사, 2020.04.02)
* 출처(7월) : 기사연, '한국 사회 주요 현안에 대한 개신교인 인식 조사' (개신교인 1000명, 온라인 조사, 2020.07.19)
* 출처(11월) : 예장합동교단, '코로나19 시대 한국교회 미래전략 수립을 위한 조사보고서(개신교인 1000명, 온라인조사, 2020.11.14)

22

[목회자의 예배 운영 인식]
코로나 종식 후 주일예배 중계 의향, 현재 61%에서 38%로 크게 낮아짐

[그림] 코로나19 종식 후 주일 예배 계획(현재 vs 코로나19 종식 후)

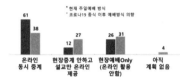

* 현재 주일예배 방식
* 코로나19 종식 이후 예배방식 의향

| 온라인 동시 중계 | 현장중계 안하고 설교만 온라인 제공 | 현장예배Only (온라인 활용 안함) | 아직 계획 없음 |
| 61 / 38 | 12 / 27 | 26 / 31 | 4 |

* 출처 : 예장합동교단, '코로나19 시대 한국교회 미래전략 수립을 위한 목회자 조사보고서'
(목회자 600명, 모바일조사, 2020.11.22~12.03)

23

교회학교 감소 속도, 일반 학령인구보다 1.5배 더 빨라!

[표] 2010~2019년 학령인구 vs 교회학교 인구 변화 추이

(단위 : 학령인구 1,000명, 교회학교인구 : 명)

	초등학교			중고등학교			합계		
	2010	2019	증감율	2010	2019	증감율	2010	2019	증감율
학령인구	3,280	2,765	-16%	4,069	2,772	-32%	7,349	5,537	-25%
교회학교 인구	228,459	144,695	-37%	188,304	115,025	-39%	416,763	259,720	-38%

* 학령인구 출처 : 통계청, 장래인구추이 2019.03.
** 교회학교 인구 추이 : 예장통합교단 교세 통계

25

교회 출석 청소년의 70%, 낮은 신앙 상태에 있어!

[그림] 그룹별 신앙수준 (크리스천 청소년 vs 청년 vs 성인)

(%)

■ 크리스천 청소년* ■ 크리스천 청년** □ 크리스천 성인***

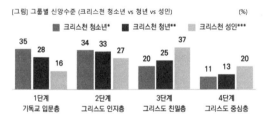

| 1단계 기독교 입문층 | 2단계 그리스도 인지층 | 3단계 그리스도 친밀층 | 4단계 그리스도 중심층 |
| 35 / 28 / 16 | 34 / 33 / 27 | 20 / 25 / 37 | 11 / 13 / 20 |

* 출처 : 안산제일교회/한국교회연구원(예장통합)/목회데이터연구소, '2021 크리스천 중고생의 신앙생활에 관한 조사연구', 2021.06.17 (전국 교회 출석 개신교 중고생 500명, 온라인조사, 2021.04.08~23)
** 크리스천 청년 : 한국교회탐구센터/21세기교회연구소/목회데이터연구소, '코로나시대 기독청년들의 신앙생활 탐구', 2021.01.27 (전국 만 19~39세 개신교 청년 700명, 온라인조사, 2020.12.30~2021.01.05)
*** 크리스천 성인 : 목회데이터연구소, 2020.11~112 만 19세 이상 교회 출석 개신교인 1,794명, 온라인 조사 * 신앙수준 측정 방식 : 개신교인의 신앙수준을 측정하기 위해 미국의 '무브」(국제제자훈련원)에서 제시한 신앙수준 척도를 이용함

교회 출석 청소년/청년의 3명 중 1명 이상, 어른이 된 후 교회를 떠날 의향을 보임

[그림] 어른이 된 후 교회 계속 출석 의향 (크리스천 청소년 vs 청년) (%)

■ 계속 다니겠다 ■ 안 다니겠다/모르겠다

	계속 다니겠다	안 다니겠다/모르겠다
크리스천 청소년*	60	40
크리스천 청년**	64	36

- 출처 : 안산제일교회/한국교회연구원(예장통합)/목회데이터연구소, '2021 크리스천 중고생의 신앙생활에 관한 조사연구', 2021.06.17. (전국 교회 출석 개신교 중고생 500명, 온라인조사, 2021.04.08~23)
- ** 크리스천 청년 : 한국교회탐구센터/21세기교회연구소/목회데이터연구소, '코로나시대 기독청년의 신앙생활 탐구', 2021.01.27.(전국 만 19~39세 개신교 청년 700명, 온라인조사, 20230.12.30~2021.01.05.)
- *** 크리스천 청년에게는 10년 후 본인의 교회 출석 예상에 대해 질문하였음

신앙적인 가정을 위해 가장 중요한 역할자, '아버지'

[그림] 신앙적인 가정을 위한 가장 중요한 역할자 (%)

아버지 (남편) 51
어머니 (아내) 40
목회자 2
기타 6

[그림] 신앙적인 가정을 위한 가장 중요한 역할자 (부모별, 상위 3위)

순위\응답자	아버지	어머니
1위	아버지 58%	어머니 50%
2위	어머니 34%	아버지 41%
3위	목회자 2%	목회자 2%

*자료 출처 : 한국IFCJ가정의힘, '가정신앙 및 자녀 신앙 교육에 관한 조사', 2021.05.06. (전국 5세~고등학생 자녀를 둔 교회 출석 개신교인, 1,500명, 온라인조사, 지앤컴리서치, 2021.04.05~04.19.

28

그러나 크리스천 아버지의 45%는 자녀 신앙 교육 관여하지 않아

[그림] 아버지의 자녀 신앙생활 지도 관여도*** (%)

관여하지 않음 45%   관여함 55%

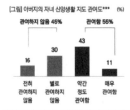

전혀 관여하지 않음 16
별로 관여하지 않음 30
약간 정도 관여함 43
매우 관여함 11

[그림] 아버지의 자녀 신앙생활 지도 '관여한다' 비율 (부모 직분별)** (%)

중직자	77
집사	59
일반 성도	39

*자료 출처 : 한국IFCJ가정의힘, '가정신앙 및 자녀 신앙 교육에 관한 조사', 2021.05.06. (전국 5세~고등학생 자녀를 둔 교회 출석 개신교인, 1,500명, 온라인조사, 지앤컴리서치, 2021.04.05~04.19.
** 4점 척도 질문으로 (매우+약간) 나눈다 비율임
*** 긍정/부정 합계 수치가 차이가 나는 것은 반올림으로 인한 Rounding Error임.

29

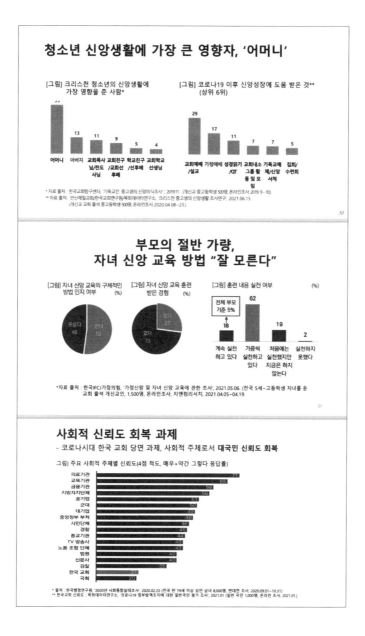

개신교 교회의 코로나19 대응,
목회자(79.7%)와 비개신교인(12.0%)간 매우 큰 인식 차이!

[그림] 코로나19 관련 개신교 교회의 대응에 대한 인식 (긍정률 : 매우+약간그렇다)

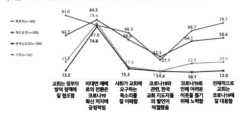

*자료 출처 : 장로회신학대학교, '코로나19와 한국교회에 대한 연구' 2021.04.14. (목회자 300명, 개신교인 500명, 비개신교인 500명, 기자 102명 등 총 1,402 명, 온라인/모바일조사, 지엔컴리서치, 2021.01.06.~17

코로나 시대, 사회가 원하는 개신교 역할
: 교회의 공공성(사회적 공익추구)/성도의 생활신앙

[그림] 개신교가 신뢰받기 위해 개선되어야 할 부분
(일반 국민 대상)* (%)

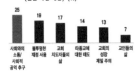

그림) 코로나19 사태를 겪으면서 한국 교회가 관심을
가져야 할 주제(개신교인 대상)** (%)

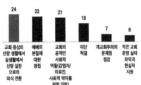

* 출처 : 예장합동교단, '코로나 19의 종교 영향도 인식조사와 뉴-노멀 미래사회 대비를 위한 미래사회 미래종교 인식 및 유튜브 사용 실태조사 결과',
2020.07.03.(전국 만19세이상 일반국민 1000명, 온라인)조사, 2020.08.13-20)
** 출처 : 한국컵단/한국기독교언론포럼, '코로나19로 인한 한국 교회 영향도 조사(개신교인 대상)', 2020.04.09. (전국 만19세 이상 일반 국민, 1,000명, 온라인
조사, 2020.04.02.~6)

디지털시대 대응 관련 리더십 연령 중요해짐

* 교회리더십과 국가리더십간의 평균 연령 격차가 8살 차이가 남
  → 교회 의사 결정 구조 안에 젊은 층 의견 반영 필요

[그림] 국가 vs 교회 리더십 연령 비교　　　　　(%)

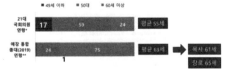

* 자료 출처 : 시사저널, '절반 이상이 초선...21대 국회 젊어졌다', 2020.04.17.
** 자료 출처 : 한국기독공보 '총회 총대 4명 중 3명은 60세 이상', 2019.07.17.

이규민 교수　　　　　　네, 감사합니다. 이제 우리에게 남은 시간이 많지는 않습니다마는 질의응답시간을 잠시 갖겠습니다. 강의를 들으신 분 가운데 질문이 있으신 분이 계신지요? 마이크를 전달해 드리겠습니다.

질문자 1　　　　　　이전호 목사님께 질문 드리고 싶습니다. 목사님의 부모교육에 대한 열정에 감동을 받았습니다. 한 가지 궁금한 것은 믿지 않는 부모들의 아이들에 대해서는 어떻게 돌보고 있는지 궁금합니다. 일견 소외감을 느끼지 않을까 걱정이 되기도 합니다. 믿지 않는 부모들을 가정 신앙교육에 어떻게 참여시킬 수 있는지요?

이전호 목사　　　　　　제일 어려운 과제를 질문해 주셨습니다. 제가 보기에 청소년들은 부모들의 영향을 잘 안 받지만 어린아이일수록 부모의 영향을 많이 받는데, 제일 고민이 되는 것이 부모님께 신앙이 없이 아이들만 교회에 출석할 때, 그 아이들을 돌보는 것이 제일 어렵습니다. 그래서 중·고등부 같은 경우에는 어떻게 하냐 하면, 중·고등부 교역자들이 아이들의 집으로 찾아갑니다. 찾아가는데 그냥 찾아가는 게 아니고 햄버거나 아이들이 좋아하는 간식을 사들고 갑니다. 혹은 "피자 쏠 텐데 좀 연락하자"라고 해서 동네에서 만납니다. 그리고 부모 대체 신앙교육을 실시하는 거지요. 어린아이들은 이미 부모님들에게 의존이 되어 있어 가급적 신앙이 없는 부모님들이시지만 소통을 하려고 노력합니다. 그런데 초등부가 제일 어려운데요, 교역자나 교사들이 어떻게든 아이들과 소통을 하려고 하는데 신앙이 없는 부모님들과 소통하기가 정말 어렵다고 합니다. 그러나 노력하고 있습니다. 상황이 어찌 되었건 최선의 노력을 기울이고 있는 것은 부모님들과의 소통이 없으면 어렵다는 겁니다. 실제로 부모 본인이 교회를 안 다녀도, 어느 정도 허락하니까 아이들이 교회에 나가는 것 아니겠습니까? 그런 어느 정도의 가능성에 대한 희망을 갖고 최선을 다해야 한다고 생각합니다.

지용근 대표   여기서 하나 말씀드리고 싶은 것은 2021년 올해 크리스천 중고생들 대상으로 조사를 해 보니까, 부모가 비기독교인일 경우, "어른이 된 후에 교회를 떠나겠다."라는 비율이 70%까지 됩니다. 그러니 기독교가 어떤 의미에서는 가족종교처럼 되는 것 같은데요, 부모가 비기독교인일 경우를 위한 특별한 교육이나 관리가 필요할 것 같습니다.

질문자 2   지용근 대표님께 질문을 드리고 싶은 게 있는데요, 지금 현장예배와 온라인 예배를 동시에 드리고 있습니다. 앞으로 포스트 코로나시대가 되면 온라인예배를 해제해야 되는지 질문 드립니다.

지용근 대표   미국에서는 이미 온-오프라인 예배를 모두 드리는 교회를 Hybrid Church라고 표현합니다. 특히 중·대형교회 입장에서는 거스를 수 없는 트렌드 같아요. 저희가 이런 설문도 해 봤어요. 교인들에게 "온라인 예배를 끊으면 어떻게 하실래요?" 했더니 30%는 "교회 안 나가겠다"라고 답을 했습니다. 특히 2-30대 청년층의 사람들이 중년이 되면, 청년층은 온라인에 너무나 익숙한 사람들이니까요, 시대가 가면 갈수록 온라인 예배를 드리지 않는 교회들은 설자리가 없어질 것 같긴 합니다.

질문자 3   그러면 온-오프라인 예배를 모두 해야 하나요?

지용근 대표   네, 그렇습니다. 이제는 온라인 예배 선호 그룹이 분명히 생긴 것 같습니다. 그러니까 신앙이 좋더라도 온라인 예배 선호 그룹이 생겼기 때문에 온라인 예배 그룹에 대한 별도의 목회전략이 필요하지 않을까 싶습니다. 오프라인 선호 그룹과 온라인 선호 그룹의 라이프스타일(lifestyle)이 완전히 다른 거 같아요. 세계관이 다른 것 같아요. 이 두 그룹을 같이 끌고 간다는 것은 계층이 다르기에 '각각에 대한 전략이 나와야 하지 않을까?' 생각합니다.

질문자 4   그러면 문제가 생기는데, 두 가지 정체성을 가진 그룹이 한 교회에 있다면 어떻게 공동체의 통합을 이뤄낼 수 있을까요? 이 두 그룹을 어떻게 관리해야 할지요?

지용근 대표   그 문제는 어떻게 보면 목회적인 차원이어서, 제가 답변 드리기 좀 어려울 것 같습니다.

이전호 목사   제가 답해도 될까요? 제가 우리 교인들을 조사해봤을 때, "현장 예배가 중요하다", "가능한 한 현장 예배 오겠다" 답한 분도 많았지만, "코로나가 다 해소되어도 현장예배에 오지 않겠다."라는 사람들이 있었습니다. 저는 이렇게 생각합니다. '온라인 예배라도 끊어지면 그 사람이 현장예배에 나올 수 있을까?' 그 질문에 대해 저는 좀 부정적입니다. 솔직히 우리 교인들 중에서는 "목사님, 온라인 예배 너무 힘들어요. 은혜도 안 되고, 화장실도 왔다 갔다 하고, 전화도 오고, 너무 너무 힘들어요. 그러니 현장예배에 와야 돼요." 이렇게 말씀하는 교인들이 많습니다. 저는 이렇게 생각합니다. 온라인 예배는 분명하게 현장예배에 비해 연약함이 있다고 생각합니다. 그래서 성도들도 코로나가 종식이 되면 가급적 현장예배에 참석할 것이라고 믿습니다. 그러나 온라인 예배에 참석하는 교인들을 또한 등한시 할 수는 없다는 생각이 듭니다. 그러나 분명한 것은 온라인 예배가 한국교회 트렌드로 자리 잡을지라도 목회자인 리더는 온라인 예배를 중심에 두면 안 된다고 생각을 합니다. 그러면 교인과 관계가 점점 멀어진다고 생각합니다. 그래서 목회자는 성도들이 현장예배에 나오도록 끝없이 촉구하고, 격려하고, 현장에서 마음껏 예배할 수 있도록 분위기를 만들어줘야 한다고 생각합니다.

이규민 교수   어느덧 시간이 되어서 우리의 토의를 정리해야 하는 시간입니다. 우리 네 분의 귀중한 패널 강사님들께서 아주 의미 있고, 중요하고, 또 현실에 적용될 귀한 말씀들을 해주셨는데요, 마지막으로 한 분씩 돌아가면서 마무리 말씀을 해 주시면 좋겠습니다.

김주용 목사   오히려 저는 배우러 온 것 같습니다. 많은 것을 적으며 더 많이 배워야겠다, 더 많은 것들을 생각해야겠다는 생각을 했습니다. 더 나아가 신학교육이 정말 중요하다는 생각을 했습니다. 신학과 목회현장이 계속해서 연결되어 진지한 대화를 이어갈 때 오늘의 위기를 잘 극복할 수 있지 않을까 생각했습니다. 유익한 자리를 만들어 주셔서 감사합니다.

이전호 목사　　　　　　저도 비슷한 생각을 했습니다. 너무 귀한 강의를 들으며 "정신 바짝 차려야겠다!" 도전을 받았습니다. 예배에 대해서도 너무 많이 도전을 받았고, 목회 돌봄에 대한 강의를 들으면서도 도전을 받았습니다. 코로나 시대가 되면 목회자로서 시간의 여유가 조금 더 생긴 것은 사실인데, 이 시간을 어떻게 활용하는가에 대해 많이 생각했습니다. 우리가 깨어서 정말 열심히 배우고 생각하고 토론하면 포스트 코로나 시대를 우리가 잘 준비할 수 있지 않을까 생각했습니다. 이런 자리를 계속 만들어 주시기를 교수님들과 학교에 부탁드리고 싶습니다.

지용근 대표　　　　　　얼마 전에 한국 갤럽에서 발표된 게 하나 있었는데 연도별 종교인 비율에 대한 추적 조사였습니다. 그런데 개신교인들의 비율을 보니까 2019년도에 17%, 2021년 초에도 똑같이 17%였습니다. 줄지 않았습니다. 개신교인들을 대상으로도 저희가 조사를 했는데, 궐석성도(unchurched Christian)의 비율 역시 23%에서 25% 사이였습니다. 이게 무엇을 뜻하는 것일까요? 비록 코로나라는 위기 상황이긴 하지만 개신교인들은 "내 소속은 교회"라는 끈은 지키고 있는 것은 아닐까 싶습니다. 내 교회, 내 신앙은 버리고 싶지 않다는 것이 있는 것 같습니다.

그리고 한 가지 제안을 드리자면, 보통 포스트 코로나 시대가 되면 성도들의 현장예배와 모임 참석 숫자가 대략 2-30%는 빠질 것이라고 전망해 왔습니다. 이것을 커버할 수 있는 통로가 온라인 활동이 아닐까 싶습니다. 온라인 예배나 온라인 성경공부와 같은 온라인 시스템을 통해 궐석성도를 끝까지 놓치지 않아야 할 것 같은데요, 그러려면 특별한 전략이 필요한 것 같습니다. 말씀드린 대로 온라인 예배를 드리는 사람들의 특성이 '취약해지는 신앙'인데 이것을 보완할 전략을 저는 소그룹 활동으로 봅니다. 동질감이 있거나 서로 연결될 수 있는 상승작용이 가능한 소그룹을 잘 구성해 온라인 교육을 이어가면 이들을 오프라인으로 유도할 수 있고 더 나아가 궐석성도가 되는 것을 예방할 수 있지 않을까 싶습니다.

김경진 목사　　　　　저도 온라인 예배와 관련해서 목회자로서 느끼는 것은 지 대표님께서 데이터로 말씀하신 것과 거의 비슷합니다. 교인들의 반응이나 흐름을 보면 그런 느낌을 부정할 수 없다는 생각도 듭니다. 그러다보니 어쩔 수 없이 저희도 "온라인 교회"에 대해 논의하기도 하는데요, 몇몇 대형교회를 중심으로는 이미 온라인 교회를 만든 교회도 있다고 알고 있습니다. 지금 저희가 예상하기로는 "온라인 교구목회"가 필요하지 않을까 가늠하고 있습니다. 이에 대한 연구는 계속 하고 있는데 결국 온라인 신앙 활동은 따로 묶어서 일반 목회와는 다른 정체성과 세계관을 갖고 접근해야 하지 않나 싶습니다. 온라인 신앙 활동에 참여하는 성도들의 인식과 필요가 다르기 때문에 특별한 전략과 방법론을 갖고 온라인 목회를 해야 하는 것이 아닌가 생각합니다.

그리고 온라인 예배와 관련해서는 한 가지 의견을 드리고자 합니다. 저희 소망교회 같은 경우에는 "예배의 실시간성"에 대해 꼭 지키려고 합니다. 저희가 주일에 다섯 차례 예배를 드리는데, 아무도 현장 출석을 못하는 상황에서도 저는 다섯 번의 예배를 시간을 지켜 이전과 마찬가지로 예배를 드렸는데요, 저는 그것이 옳다고 생각합니다. 그래서 저는 "예배의 실시간성"은 모든 목사님들이 지켜주시면 어떨까 부탁드리고 싶습니다. 물론 나중에 통계를 보니까 실시간으로 예배를 드릴 수 있는 환경이 되는 교회가 50%가 안 된다고 나오기도 하던데요, 이 부분에 대해서는 개 교회를 넘어서는 교회 간 협력과 배려에 기초한 어떤 노력과 대안이 필요하지 않나 싶습니다. 저희도 이 문제를 해결할 대안을 찾도록 노력하고 현실적으로 도울 수 있는 방법을 모색하겠습니다.

이규민 교수   감사합니다. 코로나 시대를 경험하며 전통적으로 우리가 잘 아는 "뭉치면 살고 흩어지면 죽는다"라는 말을 역설적으로 "뭉치면 죽고 흩어지면 산다"라고 합니다. 교회 공동체가 그동안 사회의 빛과 소금이 되기 위해 함께 모였는데, 이를 두고 많은 오해와 억측이 나오고 있으니 참으로 안타깝습니다. 홍인종 교수님이 강의 중에 올드노멀과 뉴노멀을 넘어서는, 영속적인 노멀(Eternal Normal)은 없겠는가를 제안하기도 하셨는데, 저는 제레미 리프킨(Jeremy Rifkin)의 경고가 생각이 났습니다. "20세기는 한 마디로 성장과 발전의 시대였다. 그러나 21세기는 그 부산물, 즉 환경오염과 생태계 파괴로 이제는 모든 문제들이 끊임없이 산적되고 있다. 따라서 21세기는 오히려 resilience, 회복탄력성의 시대가 되지 않으면 그대가를 온 인류가 치르게 될 것이다." 저는 진정한 회복을 "하나님께로 다시" 즉 하나님의 정신과 뜻, 하나님께서 세상을 창조하신 진정한 뜻이 무엇이었는가로 다시 돌아서는 것이라고 생각합니다. 교회가 우선이냐, 혹은 사회가 우선이냐를 넘어, 때로는 선의의 경쟁도 하고, 또 때로는 폭넓은 유대를 해서, 하나님의 뜻을 바르게 회복해 간다면 교회가 여전히 사회의 빛과 소금 역할을 감당할 수 있지 않을까 싶습니다. 이것을 위해 한국교회가 한마음이 되기를 바랍니다. 또 개교 120주년을 맞은 우리 장로회신학대학교가 또 다른 120주년을 맞이할 그때까지 이 일을 위해 노력할 수 있기를 소망합니다. 이제 마지막으로 본교 22대 총장이신 김운용 총장님께서 마무리 발언해 주시겠습니다.

김운용 총장   감사합니다. 긴 시간 동안 끝까지 자리를 지켜주셔서 정말 고맙습니다. 이 시대를 살면서 고민하지 않는 사람은, 적어도 목회자라면 아무도 없는 그런 시대를 살고 있습니다. "어떻게 이 어려운 시대에 교회와 성도들을 세워갈 것인가?" 목회자가 새벽마다 무릎 꿇을 때, 말씀 앞에, 또 기도 앞에 엎드릴 때, 찾아갈 수 있지 않을까 싶습니다.

저희 학교가 개교 120주년을 맞으면서 지난 120년 동안 학교를 위해서 기도해 주시고 후원해 주시고 또 이렇게 섬겨주신 교회와 목사님들을 위해 작은 섬김이라도 해보자라고 해서 이런 자리를 마련했습니다. 본래는 이틀 동안, 조금 더 여유를 갖고 다양한 프로그램을 가지려고 했는데, 코로나 상황이 계속 악화되어서 일단 하루로 축소를 했습니다. 이 일을 위해서 우리 장신목회연구원에서 수고해 주셔서 참 감사합니다.

1901년 5월에 본교는 학생 2명으로 개교를 해서, 1907년 6월 14일에 1회 졸업생 7명을 배출했고, 그 암담하던 시대에 1회 졸업생들이 각지로 흩어지면서 한국교회는 부흥을 경험했습니다. 지난 120년 동안 왜 어려움이 없었고 고난이 없었겠습니까마는 그 어려움의 시간 동안 정말 신실한 주의 종들과 성도들이 있어서 한국 교회는 이만큼 성장하고 부흥해온 것 같습니다. 외국에서 공부할 때 어떤 종교사회학자가 하는 이야기를 들었습니다. "흔히 선교지에 복음이 심기고 그러고 난 다음에 기독교와 함께 그 나라와 사회도 발전을 해 가는데, 국민소득이 10,000불이 될 때까지는 계속 부흥을 한다, 그러나 10,000불이 넘어가면 그때부터 성장이 멈추기 시작하다가 20,000불 시대가 되면 확실하게 정체가 된다, 그리고 30,000불 시대가 되면 점점 하향곡선을 그려가다가 급속한 쇠퇴의 길을 걷게 된다." 종교사회학자의 말이 우리 사회에도 현실화되는 것에 대해 참 많이 안타깝습니다. 그러나 저는 성령 하나님을 믿습니다. 성령께서 역사하시고 주님의 교회를 교회의 주인 되시는 삼위일체 하나님께서 운영해가시고 이끌어 가신다는 사실을 고백하기에 오늘 우리에게 희망은 있다고 생각합니다.

최근에 "우리 한국교회 잔치는 끝났다. 한국교회 7년 풍년 시대는 끝났다"라는 종교사회학자들의 이야기를 듣습니다. 맞는 이야기라고 많이 공감은 하면서도, 오히려 우리보다도 더 아파하시고 우리보다도 더 힘들어하시면서 한국교회를 바라보시는 성 삼위 하나님께서 우리 가운데 여전히 역사하고 계신다는 사실을 우리가 고백한다고 한다면 우리에게 소망이 있습니다. 그렇기에 때로 새까맣게 타들어가는 마음도 교회를 위한 것이고, 힘들게 예배를 기획하고, 설교를 준비하고, 목양하고, 다음 세대를 세우고, 선교의 사명을 감당하기 위해서 발버둥 치는 것은 오늘 우리가 하나님께 올려야 될 우리 시대의 헌신의 모습이라고 생각합니다. 이를 위해 저희 장로회신학대학교가 열심히 돕겠습니다. 더불어 저희의 주된 관심사는 '한국교회를 주님 오시는 그날까지 목양해 갈 하나님의 일꾼들을 어떻게 키울 것인가'라는 것입니다. 지금 학교는 약 2,500명 정도의 학생들이 어려운 여건 속에서 공부를 하고 있습니다. 코로나로 캠퍼스를 한 번도 올라와보지 않은 채 2학년 1학기를 마친 학생들도 있고, 장신대 들어왔는데 교수님들을 온라인으로만 봤을 뿐, 직접 보지 못한 학생들도 많습니다. 그러다 지난 5월에 신입생들을 학교에서 초청해서 예배드리고 환영행사를 가졌는데, 그 시간이 그렇게 행복했습니다. 학교가 준비한 별것 아닌 선물을 받아들고 얼마나 기뻐하는지요. 여러분, 기도하실 때 모교를 위해서, 후배들을 위해서 많이 기도해 주시면 좋겠습니다. 우리 교수님들도 어려운 가운데에서 신학교육을 감당하기 위하여 3학기 째 정말 고군분투하고 있습니다. 학교를 위해 많이 기도해 주시고 격려해 주시면 감사하겠습니다.

오늘 저 역시 하루 종일 앉아서 귀한 강사님들의 강의를 들으면서 참 많은 도전과 깨달음을 얻었습니다. 열심히 메모하며 앞으로 연구할 과제들도 부여받았습니다. 그리고 오늘 귀한 패널 강사님들께서 오셔서 토론해 주시는데 큰 영감을 얻었습니다. 이런 비슷한 세미나를 여러 단체에서도 하고 있지만 저희 학교도 계속해서 현장과 연계된 교육, 교회 중심의 신학을 세워나갈 수 있도록 더욱 노력하겠습니다. 대단히 감사합니다. ❖